中外名人传记

近代物理学之父

牛顿

《中外名人传记》编委会 编著

全国百佳图书出版单位
时代出版传媒股份有限公司
黄山书社

图书在版编目(CIP)数据

牛顿/《中外名人传记》编委会编著. —合肥:黄山书社,2021.12
(中外名人传记)
ISBN 978-7-5461-9991-7

Ⅰ.①牛… Ⅱ.①中… Ⅲ.①牛顿(Newton, Issac 1642—1727)—传记 Ⅳ.①K835.616.11

中国版本图书馆 CIP 数据核字(2021)第 274899 号

中外名人传记·牛顿
ZHONGWAI MINGREN ZHUANJI NIUDUN

《中外名人传记》编委会 编著

出 品 人	贾兴权
责任编辑	张月阳
责任印制	李晓明 李 磊
装帧设计	有品堂_刘 俊 张俊香
出版发行	时代出版传媒股份有限公司(http://www.press-mart.com)
	黄山书社(http://www.hspress.cn)
地址邮编	安徽省合肥市蜀山区翡翠路 1118 号出版传媒广场 7 层 230071
印 刷	安徽新华印刷股份有限公司
版 次	2022 年 1 月第 1 版
印 次	2022 年 1 月第 1 次印刷
开 本	880 mm×1230 mm 1/32
字 数	110 千字
印 张	5.5
书 号	ISBN 978-7-5461-9991-7
定 价	12.80 元

服务热线 0551-63533706

销售热线 0551-63533761

官方直营书店(https://hsss.tmall.com)

版权所有 侵权必究
凡图书出现印装质量问题,请与承印厂联系。
联系电话 0551-65859551

前 言

名人，顾名思义，就是著名人物，他们都在某一个或几个领域中做出了普通人无法做出的伟大业绩。他们都有着辉煌的成就，是成功的典范。名人取得成功的过程并不是一帆风顺的，例如大家熟悉的玄奘、华罗庚、居里夫人、爱迪生……他们克服了常人难以想象的困难，凭借着义无反顾的品质和百折不挠的精神，历尽艰辛，才最终取得了成功。

青少年是早晨八九点钟的太阳，是含苞待放的花朵。青少年的成长过程，有着无数的可能性。汉代刘向说："书犹药也，善读之可以医愚。"高尔基也说过："书籍是人类进步的阶梯。"一本好书，对青少年的一生将产生深远的影响。青少年通过阅读名人传记，可以在潜移默化中学习名人的精神，培养出优秀的品质，为自身日后的健康成长提供强大的精神力量，终身受益。

本套丛书精选了古今中外的 28 位名人的人生故事。为了适合青少年阅读，本套丛书用简洁生动的语言，通过一个个生动活泼的小故事，把这些名人的一生呈现出来，具有很强的可读性。希望本套丛书能够给青少年无尽的启发，成为陪伴他们健康成长的良师益友。

本套丛书由《中外名人传记》编委会编著，编委会的成员如下：贾兴权、李玲玲、马磊、周振华、高杨、张锐、徐娟娟、朱莉莉、欧阳慧娟、秦矿玲、刘春、周红、吴宝燕、张月阳、范丽娜、张元婷、侯雷、郑程、代立媛、周唯、胡晓静、胡月、章锐华、张墨农、徐之迅、程雅杰。

编委会

2021 年 12 月

目 录

第一章 生命的奇迹

圣诞节的孩子 …………………………… 002
母亲走了 ………………………………… 008
大自然的孩子 …………………………… 012
找到新"玩伴" …………………………… 014

第二章 初入校园

同学眼中的"呆子" ……………………… 018
第一个发明 ……………………………… 023
水车风波 ………………………………… 027
学校里的尖子生 ………………………… 031

第三章 小小发明家

制造小马车	034
发明"牛顿钟"	038
寄宿生活	041
化学启蒙	044
奇妙的水漏时钟	048
魔术风车	051
系灯笼的风筝	054

第四章 辍学回家

母亲的愿望	058
心不在焉的农夫	061
不务正业的生意人	064
追风少年	067
重回学校	071

第五章 初入剑桥

减费生	078
遇见恩师巴罗教授	082
遇见好友威金斯	086

第六章　奇迹之年

返回乡下 …………………………………… 090
一个苹果的启示 …………………………… 093
创立微积分 ………………………………… 100
彩虹的秘密 ………………………………… 103

第七章　初露锋芒

"卢卡斯讲座"教授 ………………………… 110
自制望远镜 ………………………………… 115
发现"牛顿环" ……………………………… 118

第八章　巨人之争

宿敌胡克 …………………………………… 122
微积分发明权之争 ………………………… 126
有错就改 …………………………………… 130

第九章　巨著诞生

哈雷的拜访 ………………………………… 134
埋头创作《自然哲学的数学原理》 ……… 139
《自然哲学的数学原理》的内容和意义 … 143
为学术自由而战 …………………………… 146

第十章 晚年岁月

黑暗岁月 …………………………………… 152

造币局局长 ………………………………… 157

皇家学会会长 ……………………………… 162

巨星陨落 …………………………………… 165

第一章

生命的奇迹

圣诞节的孩子
母亲走了
大自然的孩子
找到新"玩伴"

圣诞节的孩子

1642年12月25日,圣诞节。平安夜的一场大雪,让英国北部林肯郡一个名叫乌尔索普的小村子笼罩在一片白茫茫之中。

天气非常寒冷,村子的路上看不到几个人。这时,村口走来了两个大婶,她们的鼻子和脸被冻得通红,不时地搓着双手。

身材瘦高的大婶开始抱怨:"这个孩子什么时候出来不好,偏偏选择今天。"

矮胖一些的大婶被这毫无道理的埋怨逗笑了,然后轻叹道:"唉,汉娜一个人怪可怜的,我们应该帮帮她。"

雪下得特别大,积雪非常厚,两人深一脚、浅一脚,好不容易走到了汉娜的家。

她们敲开了门,开门的是汉娜的邻居伊莎大婶。

"快,快点进来,等你们好久了!"伊莎大婶擦着额头的汗,非常高兴地说。

这两个大婶是汉娜请来的接生婆。俩人没有多说，在伊莎大婶的带领下，走上了楼。

过了没多久，终于听到了一声嘹亮的婴儿啼哭。

"生了，生了，是个小男孩。"一个接生婆高兴地叫起来。

但是紧接着，她"啊"了一声。原来，因为这个孩子比预产期早出生了3个月，所以看起来特别小。接生婆从来没见过这么小的婴儿，好像能被装进一夸脱（一种容量单位，1夸脱等于1.136升）大的壶里。

孩子的哭声非常微弱，他那软弱无力的脖子竟然支撑不住那个小得可怜的头颅。两个接生婆互相看了看，没有敢多说话。其实，两个人凭着多年的接生经验，非常担心这个孩子能不能活下去。

汉娜刚刚生完孩子，身体非常虚弱，一阵疲倦袭来，她几乎快要睡着了。但接生婆的尖叫声把她惊醒了，当她看到那个可怜的孩子时，痛苦地闭上了双眼，差点晕了过去。

伊莎大婶心疼汉娜，安慰她说："汉娜，别伤心，孩子是小了点，但是只要健康，我们精心照料他，肯定会长大的。一切都会好起来的。"

接生婆端了一盆温水，小心翼翼地给孩子洗了个澡，然后包上柔软的毯子，送到汉娜的手中。

汉娜抱起自己的孩子，深情地看着他，心里祈祷着："上

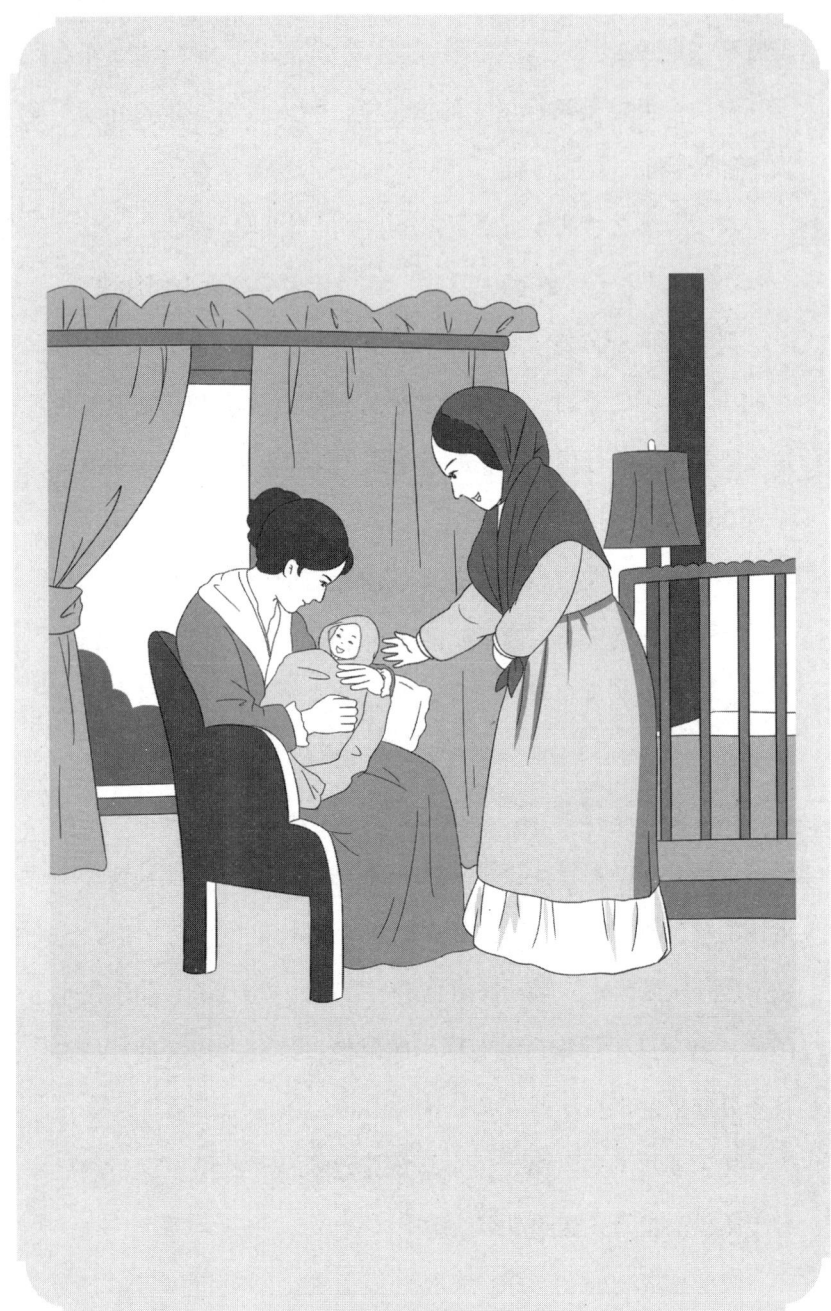

帝,请您一定保佑我的孩子平平安安。艾萨克,请你一定保佑我们的孩子健康长大。"

3个月前,汉娜的丈夫艾萨克·牛顿被肺炎夺去了生命,年仅36岁,留下快要分娩的汉娜。

汉娜沉浸在对丈夫的思念中。突然,婴儿的呼吸变得越来越急促,并且哭个不停。看到这样的状况,经验丰富的接生婆说:"这个孩子的情况不太妙,必须去找医生,否则……"

汉娜看着怀里的孩子,向两位接生婆投去哀求的目光:"大婶,请您可怜可怜我的孩子吧,您能不能去诊所帮我取点药来?"

两个接生婆面面相觑,矮胖一些的大婶迟疑了一下,说道:"放心吧,夫人,我们这就去取。只是天这么黑,路那么远,估计要很长时间才能回来。"

"拜托了,你们一定要救救这个可怜的孩子!汉娜刚刚失去丈夫,她不能再失去自己的孩子啊!"伊莎大婶送两个接生婆出门的时候,帮汉娜求情。

这时候已经是凌晨了,外面开始刮风下雨,两个接生婆冻得只打哆嗦。身材瘦高的接生婆又开始抱怨:"把孩子接生出来已经很累了,现在还得走那么远去拿药,真是倒霉啊!这该死的天气!"

矮胖一些的接生婆听了,白了她一眼,仍旧默默地赶路。瘦高的接生婆嘴里又开始嘀咕了起来:"还不都是你,叫你不要多管闲事，你偏不听。这下可好了，婴儿不但早产还有病，天气这么冷，等我们把药拿回来，那个孩子恐怕早就没了，我们岂不是白忙活了一场？"

这时，矮胖一些的接生婆终于开口了："你怎么这么铁石心肠？与其在这里不停抱怨，不如走快点，争取早点把药拿回来，说不定能救活那个可怜的孩子呢！"被矮胖的接生婆这么一说，瘦高的接生婆低下头默默地加快了脚步。是啊，毕竟那是一个新生命。

终于，两个接生婆取药回来了，伊莎大婶连忙把药给小婴儿吃了。吃药后一个多小时，他的小脸慢慢恢复了红润，呼吸也平稳了许多。他在温暖的毯子里睡着了。

这时候，汉娜终于放下心来，轻吻着婴儿的额头，眼里满是爱意。

过了几天，汉娜的哥哥威廉·艾斯库来看妹妹和刚出生的孩子。威廉是两英里以外的一个村子的教区长，曾在剑桥大学读书，即将成为一名牧师，算是当地鼎鼎有名的一个人物。

威廉看到这个大家都以为活不下去的孩子，大声说："这个小家伙，生命力挺顽强的嘛！"

汉娜对哥哥"嘘"了一声，看着熟睡中的孩子，心中充满了对未来的憧憬。这个深爱着丈夫的女人说："哥哥，请把这个孩子的名字取作艾萨克·牛顿，和他爸爸一样的名字。我一定要把这个孩子抚养大。"

就这样,小牛顿在母亲的呵护下慢慢长大。谁也没有想到,这个孱弱的早产儿不仅存活了下来,而且取得了让人人瞩目的成就,成为世人崇拜的科学巨人。

母亲走了

牛顿家族的祖先是到林肯郡拓荒的自耕农,他们虽然是白手起家,但是最终靠着勤劳的双手拥有了自己的土地。

牛顿的爷爷罗伯特·牛顿在 1623 年买下了乌尔索普庄园,后来将它传给了自己的大儿子,也就是牛顿的父亲。

牛顿的父亲是一个非常勤劳能干的人,他去世后留下的遗产为牛顿和母亲汉娜的生活提供了一定的保障。

自从牛顿的父亲去世后,整个农场便都由母亲汉娜照管。她雇用工人为她耕种、放牧牛羊,为绵羊剪毛、挤奶和喂食等,自己则主持家务,买卖牲口,处理各种日常琐碎事务。

生活的重担就这样压在了这位年轻母亲的肩上,汉娜用尽全力,不知疲惫地工作着,为了小牛顿,她始终咬牙坚持着。

外婆看母亲一个人管这么大一家子,心疼自己的女儿,于是搬来和他们一起住。

17世纪中期的英国，国王与议会之间冲突不断，战争从来没有停止过，人民的生活显得异常艰难。在这种情形下，加上农场的收入越来越差，汉娜的身体一天天垮掉了。

看着单薄、消瘦的妹妹，汉娜的哥哥实在忍不住了。他极力劝妹妹改嫁，但汉娜不同意，生活再苦再难她也要坚持把小牛顿养大。

但是一切在牛顿快3岁的时候，发生了变化。

这一天，威廉舅舅再一次来到乌尔索普庄园。

"最近你们过得还好吗？"舅舅一进门就开心地向每个人打招呼。

"还可以，谢谢。"对于哥哥的关心，汉娜表示了感谢，但她明显感觉到哥哥的情绪和往常不太一样。

"哥哥，您最近不忙吗？怎么突然有空来看我们啊？"汉娜放下手中的活，问道。

"我是说啊，这家里没有男人还是不行。你看看艾萨克这个小不点，真是个可怜的孩子。"哥哥突然话题一转，指着旁边的小牛顿。

坚强的汉娜咬着嘴唇，她也不是没有想过这个问题。最近经济形势不好，收租收来的那点钱越来越无法支撑整个家庭的开销。她开始感觉有点力不从心。

哥哥仿佛看出了妹妹的心思，说："汉娜，这次你一定会满意的！"

"满意什么？"汉娜疑惑地看着哥哥。

"我们村子附近有一位牧师,对你非常满意。我相信你这次也不会拒绝的。"哥哥非常自信地说道。

"我还有个孩子呢……"汉娜看着扑在自己怀里的小牛顿,脸上露出为难的表情。

"没关系。"哥哥一五一十地开始介绍对方的情况。

在距离乌尔索普约16千米的北威特姆村,有一位叫史密斯·巴那巴斯的牧师,毕业于牛津大学的林肯学院。

史密斯拥有一个庄园,年龄比汉娜整整大一倍,经济条件比较宽裕。他的妻子过世了,没有为他留下孩子,所以他想再找一位能干的妻子,来操持庄园的日常家务,也为自己生一个孩子,以便继承遗产。

在旁边的外婆对史密斯牧师的条件非常满意,连忙说:"那实在是太好了!我们的汉娜和小牛顿终于可以过上好日子了!"

"不过……"哥哥又开始结结巴巴起来。

"不过什么?"外婆问。

其实,史密斯牧师答应和汉娜结婚是有条件的。他只想要一个妻子,而不想多养一个继子。这就意味着牛顿不能跟妈妈住在一起。这个条件汉娜是无法接受的,她说什么也不愿意,拉着牛顿就要走。

母亲拉着她的手苦口婆心地说:"汉娜,这几年,你独自带着小牛顿生活,日子过得有多辛苦我都看在眼里。你的心情妈妈非常理解,但是你有没有好好想过,单凭你一个人,真的可以给小牛顿最好的生活吗？你真的做好准备了吗？"

汉娜没有说话，缓缓低下头。她心里明白，母亲说的都有道理，她也很希望有一个人能帮帮自己，也想找一个人依靠，但她怎么能丢下艾萨克不管呢？激烈的矛盾拉扯着自己的心，汉娜痛苦极了。

"是啊，汉娜。我知道你是担心艾萨克才不肯答应。但是史密斯牧师为了补偿你和孩子，将价值50英镑的土地划拨给艾萨克，等到他21岁时就可以合法继承。另外，你们现在住的这个庄园他也将派人全部重新整修一番。有了这笔收入，再加上家里原本的收入，妈妈和艾萨克的生活就没有什么问题了。你嫁过去之后，也不用再整天操劳。"哥哥威廉也劝道。

"可是，艾萨克已经失去了父亲，我再离开他，他就太可怜了。我不能这么做。"汉娜还是不同意。

"汉娜，艾萨克就交给我吧，我从他一出生就开始带他，你还不放心我？你要是想孩子，就常回来看看他。这不还有你哥哥吗？"母亲说道。

母亲和哥哥的轮番劝导让汉娜逐渐打消了自己的顾虑，她再也无话可说，轻轻地点了点头。然后，她转过头看了看身边的小牛顿，一串泪珠禁不住滚落下来。

1645年1月，汉娜再婚了，这一年小牛顿才3岁。汉娜搬到北威特姆村去住了，小牛顿则留在原来的庄园里。望着载着母亲远去的马车，小牛顿没有哭闹纠缠，而是一言未发。

大自然的孩子

从母亲离开家的那一刻起，小小年纪的牛顿就成了一个沉默寡言的孩子。

母亲离开后，外婆负责照顾小牛顿的日常生活，虽然无微不至，但终究无法替代父母对孩子的爱，而且她也没有能力给小牛顿提供所谓的启蒙教育。

对于性格孤僻、天生聪颖的小牛顿来说，比起听外婆教唱的童谣，他更愿意徜徉于大自然中。日升月落，风来雨去，四季更迭，昼夜交替，农夫们播种、耕耘和收获，妇人们饲养绵羊、剪收羊毛，大自然的一切都是那么神奇而有趣，小牛顿对身边的所有事物都有着超强的好奇心。

他常常在田间地头、树下溪边独坐，饶有兴致地观察着那些别人习以为常的自然现象。家人和村民都以为小牛顿失去了父母，精神上受了刺激，只愿意傻傻地独处，但人们很快就发现,小牛顿更是一个"爱问为什么的孩子"。

小牛顿经常会缠着外公外婆以及邻人问很多千奇百怪的问题,诸如"太阳为什么每天都从东边升起""月亮离我们有多远""庄稼为什么长在地里而不是树上",等等。

也许在别人眼里,小牛顿是个可怜的人,没人陪伴,总是独来独往。可是在他的眼里,那丰富多彩的世界总是如万花筒般涌现出令他陶醉的景象,他开心还来不及呢。他不是在忍受孤独,而是在享受孤独。

在大自然的怀抱中,牛顿养成了勤于思考的习惯,凡事都想研究个明白,这种好奇心为他日后的研究奠定了良好的基础。

找到新"玩伴"

转眼间,小牛顿5岁了。他已经慢慢适应了现在的生活。家里的收入增加后,他和外婆的日子过得还算不错。只不过,没有父母陪伴,小牛顿的个性显得比同龄的小朋友孤僻些,总是喜欢一个人玩耍。

一天,屋外正下着蒙蒙细雨,小牛顿双手撑着下巴,静静地望着窗外,脸上带着一丝落寞。

外婆看在眼里,急在心里。这么大年龄的孩子,正是喜欢玩的年纪。外婆想找一个玩具,给外孙解解闷。

外婆里里外外找了个遍,也没有找到什么足以吸引小牛顿的东西。最后,她在仓库里发现了一把锯子,可能是木匠制作酒架时落下的。虽然已经锈迹斑斑,但是外婆试了一下,还是非常锋利。

小雨淅淅沥沥地下个不停,小牛顿正想着如何打发这个无聊的雨天。忽然，他眼前一亮，想起曾经在仓库里看到过一把铁锤和一些铁钉，于是拔腿就往仓库跑去。

而仓库里，外婆正准备去找他。小牛顿喘着气喊道："外婆，外婆，快把铁锤和铁钉给我。"

"你要铁锤和铁钉做什么？"外婆问道。

"我只是太无聊了，想玩一下。"小牛顿回答。

"外婆就知道你无聊，这不给你找了一个新玩具出来。"说着把锯子递给了小牛顿。

小牛顿仔细地将这个生锈的铁东西打量了一番，隐约觉得曾经看到邻居大叔用过，但并不知道是什么。

"这是锯子。"外婆一边说，一边开始给小牛顿做示范。

果然不出所料，小牛顿对这个新鲜玩意儿非常感兴趣，他冲外婆伸出手："给我玩玩。"

外婆笑呵呵地将锯子交给他，并且嘱咐道："千万要小心哦，别伤到自己了。"

小牛顿兴高采烈地接过锯子，又从仓库的废物堆中找出一块厚木板，开始有模有样地锯起来。

刚开始，锯子一动，木板也跟着来回动，根本没办法用力。小牛顿并没有着急，而是思考了一下，然后伸出一只脚，将木板的一头踩住，这样就将木板固定住了。

小牛顿专注的样子，简直像个小木匠。

外婆看着小牛顿，心想：别的孩子总爱和大家一起玩儿，为什么小牛顿却总是喜欢一个人待着,玩些奇奇怪怪的玩意儿呢?

"牛顿,你为什么喜欢玩这些锯子、板子和钉子呢?"外婆好奇地问道。

小牛顿想了一想,说:"我可以把板子锯成一块块的,再钉起来做成各种东西呀!"

外婆听完,觉得自己的外孙真是个有想法的孩子啊!小牛顿在外婆的指挥下,笨拙地把木板锯成一块一块的。接着,他拿着这些小木块左拼拼,右拼拼,再用钉子钉起来。不一会儿,一个奇形怪状的箱子就诞生了。

看到这个箱子,外婆打心底里觉得小牛顿真是一个聪明的孩子。

自从小牛顿学会使用一些简单的工具后,只要一有空,他就躲在仓库里敲敲打打。渐渐地,小牛顿做木工活的技巧越来越熟练了,做出来的东西也越来越精巧。他的房间里已经塞满了自己亲手做的各种箱子、书架等。

孤单的小牛顿,终于找到了新的"玩伴"。这些铁锤、铁钉、锯子、尺子陪他度过了孤单的童年,也为他以后的发明创造打下了基础。

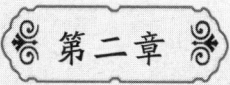

第二章

初入校园

同学眼中的"呆子"

第一个发明

水车风波

学校里的尖子生

同学眼中的"呆子"

6岁时,牛顿终于要上学了,爱思考爱动手的他早就期盼着这一天的到来了!

和蔼的外婆也为牛顿高兴,在开学的前一天晚上,她为牛顿做了一件学袍。牛顿在旁边看着外婆手中飞舞的剪刀和布料,心里非常激动。

第二天,牛顿早早就起床了,穿上外婆给她赶制的学袍,兴冲冲地往学校走。

牛顿读的乡村小学很小,只有一间教室。教文法的是一个男老师,教算术的是一个女老师。身穿黑色长袍的男老师,像教堂里不苟言笑的神父,总是板着脸,动不动就发火。牛顿从第一天上学起就不敢正眼看他。其他同学也都害怕上他的课,更害怕他手上的教鞭。一到上文法课,大家都战战兢兢,不敢出声。

每一节文法课对牛顿来说都是一种煎熬,他总是低着头盼着下课。可他越不敢抬头看老师,就越容易被老师叫起来回答问题。被老师叫起来的时候,他总是紧张得结结巴巴,支支吾吾说一些语无伦次的话,有时候连一个字也说不上来。那一刻,他恨不得地下有一条缝可以让他钻进去。强烈的自卑感和挫败感充满了他小小的身体,他太难过了。

牛顿渐渐不喜欢去学校,不想上课,即便坐在教室里,他的脑子也在想别的,要么就是怎么用仓库里的东西做一个新的玩意儿,要么就是怎样钓到一条大鱼,等等。然而老师好像看穿了他的心思,经常点他的名字。

有一次,他又在课堂上神游了。他望着窗外,沉浸在自己的世界里。严厉的文法老师立即发现了,大叫一声:"艾萨克·牛顿!"

牛顿没有反应,他还在想用仓库里新到的木料做一个板凳还是箱子呢。

"艾萨克·牛顿,你在干什么?"男老师几乎怒吼起来,教鞭甩出"啪啪啪"的响声来。

牛顿一下子惊醒过来,腾地站起身来,脱口说道:"板凳还是箱子?"

教室里顿时发出一阵哄堂大笑,"啪啪啪",教鞭发出的响声震得满教室都是回音,老师气得大骂:"呆子!"

老师彻底生气了,他大声呵斥牛顿:"上课不认真听讲,你

给我站到教室后面去。"教室里所有小朋友的目光都汇聚在牛顿身上，仿佛一根根针，扎得牛顿生疼。

牛顿不禁连脖子都羞红了，他艰难地迈开步子，在同学们嘲笑的目光中走到了教室的后面。听到其他同学的议论声，生性腼腆的牛顿将头深深地低了下去。

这一天放学，牛顿是跑着回家的。回到家里，他没有和外婆说一句话，便把自己关在了仓库里。只有和那些工具、自己做的小玩意在一起，他才觉得自己是有用的。他再也不想去上学了。

过了很久，天已经黑了。仓库的门"吱呀"一声被打开了，墙上映出一个大大的影子，是外婆举着蜡烛进来了。

外婆将蜡烛放在桌子上，仓库里立马亮了起来。然后，她走到牛顿身边，轻声地问："宝贝，今天发生了什么事？可以告诉外婆吗？"

外婆这么一问，牛顿在学校里遭受的委屈全部涌了上来，眼泪马上夺眶而出："我不上学了，外婆，我再也不去上学了。"

外婆见状十分吃惊，一边拿围裙的一角擦去牛顿眼角的泪痕，一边着急地问："到底怎么了？我的宝贝。快告诉外婆。"

牛顿终于忍不住，把在学校发生的一切都告诉了外婆。

外婆听了之后松了一口气，便开始开导牛顿："宝贝，你以后上课认真听讲，老师就不会惩罚你了。"

看外婆并没有站在他这一边，还让他继续去上学，牛顿

"哇"的一声大哭起来，"我不要，我不要！"

"艾萨克，你必须去上学！"外婆没有做任何退步，非常严肃地说。

见外婆生气了，牛顿便不敢再出声。

第二天，牛顿故意赖床不起来。直到外婆来叫他，说要送他去上学，他才勉强爬起来，随便吃了点东西，无精打采地跟在外婆后面，极不情愿地到了学校。

牛顿走进学校便发现其他同学在窃窃私语，后来他才知道，自己获得了一个绰号——"呆子"。本来牛顿就不太合群，自从有了这个绰号，牛顿的学校生活就更糟了。他的成绩越来越差，在班上总是倒数几名。老师和同学们都瞧不起他。

牛顿的自尊心受到了极大的伤害。这样的校园生活带给他的不是快乐而是恐惧。那教鞭的噼啪声时常回荡在牛顿心中，令他不寒而栗。

第一个发明

这之后,每一天上学牛顿都觉得非常痛苦,他经常低头坐在自己的椅子上,一整天跟谁也不说话。一听到放学铃声响,牛顿立马跑回家,一刻也不想在学校待。

这一天牛顿放学后本来想立马回家的,但是他在回家的路上发现村子里的维特汉姆河边很热闹,大家都聚集在这里,围着个大家伙指指点点。牛顿个子小,他钻进人群,站在前面一看,原来是一架破旧的大水车!

牛顿虽然喜欢自己倒腾木料,做各种各样的东西,但是他从没见过这么大的水车,一下子就被吸引住了。

大人们安装好水车后便各自回家了,牛顿却舍不得走,他站在水车旁边仔细观察着。

正是金秋时节,落日余晖将四周的景物披上了一层美丽的纱衣。远处农舍的烟囱里飘出缕缕轻烟,一切显得那么静谧,那么动人。牛顿却没有兴致欣赏身边的美景,他痴痴地看着大水车。

只见硕大的水车在河边画出了一个美丽的轮廓,在水流的推动下缓缓地转动,发出吱吱呀呀美妙的响声,这响声与河水的哗哗声相呼应,如同一首古老的摇篮曲,让人陶醉。直到外婆把晚饭端上桌子,才发现牛顿还没有回家,她急忙跑出来到处找,终于在维特汉姆河边找到了牛顿。他还蹲在那里看大水车转啊转,完全忘了回家。

回到家,牛顿吃饭时脑子里想着风车,睡觉时也想着风车,他下定决心第二天放学后再去一次。

这一次,他发现这笨重的大家伙还能工作呢!原来村里的人把磨面机与水车连接起来,让水车带动磨面机,转眼面粉就磨好了。爱思考的牛顿觉得很纳闷,这是怎么回事呢?他一边观察,一边琢磨。

他发现,大水车上有一大一小两个齿轮,小的转得快,大的转得慢。牛顿眼睛一眨不眨地看着两个齿轮,琢磨着它们的工作原理。上学时,他脑海里还想着那一大一小两个齿轮。

第三天傍晚,他又去河边观察,听到村民们纷纷议论着。

"这架水车太破旧了,用起来太费劲了。"

"是啊,用一回要费这么大的劲,太不方便了。"

听到这些话,牛顿突发奇想:既然大家觉得这架水车不好用,我可不可以做一架更好用的呢?

第一个发明

回到家以后，他就一头钻进仓库，翻出自己的各种工具捣鼓起来。折腾了一晚上，他终于做出了水车的模型，但这个水车转不起来。牛顿拿着自己的水车模型去请教邻居大叔。大叔看了看，给他指点了一下。牛顿心领神会，很快又做出一架灵活的小水车。

牛顿又有了一个宏伟的计划，利用自己的小水车模型运转的原理，想办法把村里的大水车变得更灵巧一些，这样村民们就能省下不少力气了。

这么一来，牛顿干起活来更加有劲了。他一连几个晚上都在忙着这件事，拆了装，装了拆。最后，他终于做成了一架更轻便、灵巧的小水车模型。

牛顿第一时间把这件作品拿去给外婆看。他用扇子使劲一扇，小水车就转动起来了。外婆看着这个精致的小水车，竖起了大拇指。

邻居大叔见到牛顿改进后的小水车，也惊讶不已，他把牛顿的改进方案告诉了村里人，大家都很高兴。

水车风波

同学们知道牛顿做了一架非常精致的小水车,既惊讶又好奇,都想亲眼看一看。以前,大家觉得牛顿性格孤僻,不爱讲话,经常被老师批评,所以都不愿意跟他玩。现在,他们一下课就围在牛顿身边,向他询问有关小水车的种种情况,并请求他把小水车带到学校给大家看看。

牛顿头一次受到大家的重视,心中不免很得意。

当天放学回家时,牛顿唱着歌,脚步非常轻盈。外婆立刻看出了他的异样,就问他:"艾萨克,今天遇到什么高兴事了吗?"

"也没什么,外婆,就是有人想看看我的小水车。明天我要把它带到学校去。"牛顿抑制不住地开心。看到总是心事重重的牛顿终于露出了难得的笑脸,外婆也感到非常欣慰。

第二天,牛顿起了个大早,把自己的小水车擦得干干净净,又用一块干净的布把它包起来，带着它一起上学。

班里的同学还没来几个，见到牛顿把小水车带来了，赶紧围了过去。牛顿小心翼翼地打开小水车外面包着的布，好像是一位艺术家首次向公众展示自己的新作品，既骄傲又有点忐忑不安。

"哇，太漂亮了！""没想到你的手这么巧！"同学们立马赞叹起来。

"真不敢相信！这是你自己做的吗？"也有人提出了质疑。

"当然了，"牛顿怕大家不相信他，赶紧说，"我还做过许多东西呢！小书架、小箱子，我都会做，都放在我家的仓库里。"

大家纷纷露出了羡慕的表情。这时，更多的同学来到了教室，也都围拢过来看，教室里一片啧啧声。

班里最霸道的一个孩子最后一个到，他看着班里从没出现过的场面，十分惊讶。这个男孩平时总是欺负大家，尤其是一些看起来比较弱小、不太合群的孩子，人称"小霸王"。可今天，他进来时不仅没有得到其他人的重视，而且大家关注的焦点竟然是平时被他称作"呆子"的牛顿。他感到非常恼火，气不打一处来，心想，一定要给牛顿一点颜色看看。

正巧同学们在问牛顿："牛顿，你的水车能转吗？"

"当然能了。"牛顿用手转动了水车。

一个平时学习不错的学生问他："你的水车为什么会转，能给我们讲讲其中的道理吗？"

牛顿一时语塞。这是一个他始料不及的问题，他一时回答不出来。

小霸王抓住这个机会，上前按住水车，嘲笑地说："我就说吧，'呆子'怎么可能做出水车来呢？你是不是偷来的！"

一番话引得其他同学也开始质疑牛顿的作品了，大家纷纷回到了自己的座位。这时牛顿气愤极了，他无法容忍别人否定他的劳动成果，这可是他辛辛苦苦花了好几个晚上做成的。

小霸王见状更是得意极了，故意把小水车碰到地上，小水车摔碎了。牛顿心碎地大喊："你为什么弄坏我的小水车？"

小霸王是个大块头，比牛顿足足高了一头。他压根没把牛顿放在眼里，吼道："喊什么喊，谁把你的破水车弄坏了？"说着，他还朝牛顿的肚子上踢了一脚。

牛顿平时虽然老实，但还没有被小霸王这样欺负过。他发疯般地冲了过去，抡起一拳，重重地打在小霸王的脸上。他也不管自己能不能打过小霸王，只想把一直以来压抑的情绪全部发泄出来。小霸王受了这一拳，愣住了，他压根没料到牛顿还敢还手。

就这样，瘦小的牛顿竟然把高大蛮横的小霸王打倒在地。全班同学都惊呆了，但也暗暗叫好。因为平日里小霸王欺负众人，大家都是敢怒不敢言，更不敢还手去打他。今天，瘦弱的牛顿不仅跟他交了手，而且好像并没有被他打败。大家仿佛增添了勇气，禁不住大声欢呼起来。

牛顿压住小霸王,对他喊道:"你以后还敢不敢再欺负我?"

小霸王见同学们都站在牛顿那一边,自己已经势单力薄,只好连连求饶:"不敢了,我再也不敢了。"

牛顿看到小霸王求饶,这才松开了手。他站起来看看周围,那充满怒火的眼神,把围观的同学吓了一跳:牛顿是欺负不得的呀!你看!他多么高大!

这是牛顿有生以来第一次打架。从此他的性格逐渐得到改变,从原来那种拘谨、内向的性格,转变成开朗、外向的性格。

学校里的尖子生

经过和小霸王的较量,大家都发现牛顿变了,他变得开朗了,喜欢和人打招呼,还主动帮助别人,跟大家的交流越来越多。同学们也都喜欢上了牛顿,经常围着他问各种各样的问题。

这都源于牛顿重新认识了自己。他意识到自己原来并不是特别弱,只要努力,也能得到别人的承认。自己做出来的风车不就得到了大家的夸赞吗?外婆的鼓励、邻居大叔的肯定、同学们的羡慕,都让他对自己增强了信心。

被人肯定的感觉真好啊!要想得到别人的尊敬,就要让自己更强大,而对于牛顿来说,唯一的途径就是好好学习,获得更大的成功。

以前牛顿学习差,并不是因为他天生比别人差,只是他从来都没有认真学习过。从此以后,牛顿下定决心,一定要好好学习。

有了目标以后,牛顿不再茫然,开始主动学习。上课的时候,他不再躲闪老师的目光,专心听老师讲的每一句话,认真做课堂笔记。他也不再怕老师提问了,而是第一个举手发言。老师的问题,他总能对答如流,遇到不会的问题,也总是主动向老师请教。连老师都注意到了他的变化,慢慢改变了对他的态度。

放学以后,牛顿回到家的第一件事不再是把自己关在仓库里,而是第一时间把当天学习的知识复习巩固,认真完成老师布置的作业。

爱动脑子的牛顿,一旦对学习产生了兴趣,成绩便开始突飞猛进,最终成了班里数一数二的尖子生。老师们和同学们都对他刮目相看。

牛顿非常喜欢思考问题。有一次,学校举行跳高比赛,本来牛顿的腿又短又粗,是不可能在比赛中获得好成绩的。可比赛那天恰好在刮风,牛顿耐心等待、仔细观察。其他选手或许在好奇:牛顿在等什么呢?他是害怕了吗?结果竟然让牛顿等到了一阵强风,他趁着风势起跳,在空中画出一道美丽的弧线,跃过标杆,赢得了比赛。

那时候的牛顿连"物理"这个词都没有听说过,却已经懂得利用物体运动的规律。这些规律在他后来的研究中都得到了科学的解释,成为现代物理学的基础理论。

第三章

小小发明家

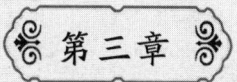

制造小马车

发明"牛顿钟"

寄宿生活

化学启蒙

奇妙的水漏时钟

魔术风车

系灯笼的风筝

中外名人传记  牛 顿

制造小马车

牛顿取得学习上的进步后，并没有放弃自己曾经最爱的手工。随着学习的知识越来越多，他思考问题越来越深刻，做的东西也越来越有创造性了。以前他只是模仿着做一些桌椅、板凳之类的家具，现在他在认真观察的基础上还能设计、改造一些用具了。

牛顿家的仓库里摆满了各种各样的小玩意。现在，他的工具已经非常齐全了。锯子、锤子、起子、刨子……满满一个工具箱，加上一大堆木板、木条、钉子、铁丝等。每当他有新的想法时，就把这些东西搬出来，一地的东西，横七竖八，外婆进来连下脚的地方都没有；而牛顿呢，却趴在地上，一声不吭，埋头苦干，十分投入。

有一天，牛顿放学后，正哼着歌往家走，突然看到一辆漂亮的马车正快速地朝自己奔驰而来。马车上的马夫挥着长鞭大

喊:"小孩,闪开。"

牛顿下意识地赶紧躲到了一边。那马车漂亮极了,他目不转睛地欣赏着,直到马车消失在自己的视野里。

"如果我有一辆自己的马车,就可以乘着它到处游玩了。"牛顿不禁幻想起来。

"不!不!外婆没有那么多钱给我买马车!"他想到这里,不禁摇了摇头。

但是,那漂亮的马车深深印在了他的脑海里,晚上睡觉的时候他竟然梦见自己坐在一辆高大的马车上,欣赏着村庄里美丽的风景。

等牛顿醒来,发现那个是梦,心里非常沮丧。"如果我真的有一辆马车就好了。"突然,在他的脑海闪过一个念头,"没有钱买大马车,我可以自己动手做一辆小马车呀!"

这个念头一产生,就再也消除不掉了。说干就干,下午一放学,牛顿没有立即回家,而是在村子里找了个遍,终于找到了几块合适的废余木材。

他将这些木材紧紧抱在怀里,高兴地回到家。回到家之后,他喊了一声"外婆,我回来了",就迅速地钻进了仓库里,搬出铁锤、锯子,"叮叮当当"地敲打起来。

接连几天,牛顿放学回家就往仓库里钻。

"我的孩子,你这几天在仓库里做什么呀?是不是又要做水车?"有一天,外婆终于忍不住了,推开仓库的门进来问牛顿。

牛顿头也不抬，说："我要做一辆小马车，做一辆属于我自己的小马车。"

外婆听了牛顿的话愣住了，马车可没有那么容易做啊。她开始考牛顿："那你知道马车是由哪些部分组成的吗？"

"四个轮子，嗯，还要有可以控制车子快慢的装置。"牛顿一边想一边回答。

"没错，不过还需要车轴。"外婆摸着牛顿的头。

"车轴是做什么用的？"牛顿疑惑地看着外婆。

"没有车轴，车轮就没有办法转动。"外婆说，"在你制作小马车的过程中，如果需要我，就和我说。"

"好！外婆你真好！"就这样，由于牛顿之前的努力，再加上外婆的帮助，很快，做小马车用的木材和要用的工具就准备好了。

牛顿几乎是废寝忘食，把所有时间都用在了制作小马车上。功夫不负有心人，一个星期后，一辆精致的小马车完成了，这让牛顿感到很自豪。兴奋的牛顿蹦跳着去告诉外婆："外婆！我的小马车做好了！"

外婆一看，那小马车看上去还真是有模有样的，精巧得很呢！"我们把小马车推出去试一试吧！"外婆也很兴奋。

外婆把小马车搬到院子里，放稳后，牛顿迫不及待地坐了上去，外婆则在后面推着他。

牛顿在小马车上慢慢前进，感觉到一阵微风迎面扑来，真是太惬意了！但是，很快，外婆就推不动他了。

"如果我们有一匹小马就好了！"牛顿嘀咕着，突然他想到了一个好办法。

牛顿把车子推到了附近的一个小山坡上。牛顿再次坐到车子上，外婆用力推了车子一把，车子就顺着山坡迎风滑了下去。牛顿大声地欢呼着："我有自己的小马车了！"

站在山坡上的外婆更是笑得合不上嘴，开心得像个孩子。

在许多人看来，牛顿没有父母的陪伴，童年不可能快乐，然而，他却养成了独立思考、自己动手的好习惯，在自己的世界里创造了无尽的欢乐。

发明"牛顿钟"

每个周末,威廉舅舅照例来到庄园看望牛顿。牛顿特别喜欢威廉舅舅,因为每次他来都会带一些好玩的东西,有时候是手工做的玩具,有时候是认字书,有时候则是好吃的点心。

这一次,牛顿看到舅舅进了门,立马扑上去。只见舅舅拿出一个小布包,小心翼翼地一层层打开,取出一个奇形怪状的东西。

牛顿盯着眼前这个两头粗、中间细,中间还盛有细沙粒的玻璃罐子。舅舅把这个小罐子颠倒过来,里面的沙粒缓缓地自上而下滑落。

"艾萨克,这是沙漏,送给你吧。"舅舅递给了牛顿。

"谢谢舅舅。可是这怎么玩呢?"牛顿有点茫然。

"傻孩子,这可不是玩具,这是一个计时器。"舅舅看到上方的沙粒漏完以后又把沙漏翻了过来。"这个沙漏每一次漏完沙粒的时间是一样的,这样我们就可以用它来计算时间咯。"

"哇，太神奇了！"牛顿一把抢过沙漏就跑了出去。

从此以后，这个沙漏成为牛顿的贴身宝贝，无论干什么他都会拿出来看一下。渐渐地，"时间"这个概念潜移默化地进入了他的脑海。

除了做各种各样的手工，牛顿还喜欢画画和雕刻。

有一天，牛顿拿着纸笔到院子里画画。院子里有一棵高大的树，午后的阳光斜斜地照射着，把树影投射在地面上，构成一幅天然的图画。

"太美妙啦！"牛顿觉得很有趣，便停下笔，注视着这幅"树影图"。一会儿，他发现一件有意思的事：随着阳光的移动，树影也跟着移动，本来只有树梢的倒影，渐渐地，连树干的影子也出现了。

整个下午，牛顿就坐在那儿，目不转睛地看着树影的变化，一边看，一边在地上作了许多记号，最后他惊讶地发现：树影长短的变化和太阳的位置有很大的关系。

这个发现让牛顿眼睛发亮，兴奋不已。

从那天开始，牛顿每天中午一放学，就跑到院子里，一个人专注地研究影子和时间的关系。外婆非常纳闷，天气那么热，这孩子为什么要在大太阳底下晒呢？但是外婆并没有去阻止他，她知道牛顿不会是在做坏事。

经过一连几天的观察，牛顿发现太阳的运动是有规律的。于是他就想，是否可以利用这个规律，制作一个更准确的"太阳钟"呢？

说干就干。爱雕刻的牛顿本来想把这个有规律的轨迹刻在木板上，但是想到木板有可能被淋湿而发霉腐坏，就选中了院子里的一块大石头，并恳求舅舅帮他买了一个尖尖的小铁锹，一有空就"叮叮叮！当当当！"地凿起来。

"孩子，你凿石头干什么？"外婆终于忍不住了。

牛顿说："外婆，这是个秘密！"

有一天，外婆喊牛顿吃饭，牛顿瞧瞧院里的石头，告诉外婆："今天吃饭的时间比平常要早些呀！"

"不会吧，平时不都是这个时候开饭吗？"

牛顿指着那块石头说："瞧，这是我做的测量时间的仪器。您看，昨天您叫我吃饭时，影子是在那个地方，今天影子的位置却在这里。"

"原来你是在做这个呀！"外婆骄傲地看着自己的外孙。

牛顿制作的这个东西叫"日晷仪"。这种仪器，简单地说就是在圆形石板上凿个洞，插进一根铁钉，再在圆板四周刻出适当的凹痕，借着钉子的投影，估测出大致的时间。

经过十几天的努力，牛顿终于完成了石刻日晷仪。他抑制不住心里的喜悦，想到村子里连个报时的东西都没有，便把自己的发明贡献出来给大家。这样，石制日晷仪就安放在了村子中央。

后来，当牛顿成名后，村民们怀着深深的敬意，把石制日晷仪称为"牛顿钟"，并一直使用到牛顿去世后的很多年。

寄宿生活

转眼间，牛顿即将小学毕业了。

这一天，舅舅来到庄园里帮助日益年迈的外婆做农活，正好牛顿也在旁边帮忙。

"艾萨克个子越长越高，已经是个小伙子了啊！"舅舅一边干活一边感叹。

"是啊，已经12岁了，马上就要小学毕业了！"外婆回答道。

舅舅笑眯眯地看着牛顿，问："你想不想去格兰瑟姆的皇家中学读书啊？"

一听到舅舅说自己还可以继续读书，牛顿非常开心，但是转念一想，从家里到格兰瑟姆镇有很长一段路程，不可能每天回来，这就意味着必须住在那里。但是这么大的庄园，就只剩下外婆一个人打理了。他有点舍不得外婆。

"如果我去格兰瑟姆读书,那么外婆一个人在家里怎么办呢?"牛顿说出了自己的疑虑。

外婆听到这句话,非常感动,紧紧地把牛顿抱在怀里。确实,她也不舍得让牛顿走,但牛顿是一个聪明的孩子,不能轻易让他辍学。

她对牛顿说:"你不用顾虑那么多,外婆有这么多邻居呢,你舅舅也会经常来帮忙的。"

舅舅接着说:"我的朋友克拉克是一位药店老板。他专门为格兰瑟姆皇家中学的学生提供食宿,学生就住在药房的楼上。你可以寄住在他家里。"

打消了所有的顾虑,牛顿点了点头。外婆却开始担心这个从没有离开过家的孩子。在牛顿将要动身的前一晚,外婆拉着牛顿的手千叮咛、万嘱咐,亲自把行李收拾好才睡下。

次日,牛顿坐着舅舅雇来的马车,告别外婆,往格兰瑟姆镇驶去。

格兰瑟姆镇比乌尔索普村热闹多了,这里有很多商店,街道也比较繁华。克拉克夫妇知道牛顿今天要来,早已经在门口等着了。

克拉克夫人待人和善、亲切,她拉着牛顿的手,带他到楼上的一间屋子,说:"孩子,这就是你的房间。"

房间里收拾得非常干净,床单是早上才换过的,一尘不染。牛顿把自己的行李放下,收拾好带来的锤子、锯子、绘画颜料等用具，洗了把脸就下楼了。

这时，一个和自己差不多大的女孩站在一楼大厅中间，向他伸出手打招呼："你好，我叫史贝丽。"

克拉克夫人在旁边微笑着解释道："这是我的女儿，希望你们能成为好朋友。"

牛顿迟疑了一下，握住了史贝丽温暖的小手，有些腼腆地说："我叫艾萨克·牛顿，很高兴认识你。"

就这样，牛顿开始了自己的寄宿生活。

中外名人传记  牛　顿

化学启蒙

牛顿是幸运的，因为克拉克夫妇待人热情、真诚、厚道，对待牛顿就像对待自己的孩子一样。牛顿也非常喜欢他们，在这里就像在自己的家里一样随便。

虽然这是牛顿第一次离开家，离开外婆，但是他没有感到孤单和寂寞。他不是在自己房间刻苦地学习或者埋头制作他的手工，就是到克拉克先生的药房里看他工作，生活过得很充实。

克拉克先生是一个非常开朗的人，他很喜欢爱动脑子的牛顿，所以当他工作的时候，总是叫牛顿在身边做他的助手，并且耐心地回答牛顿提出的各种各样的问题。

对于牛顿来说，药房是一个充满神奇的地方。克拉克医生的架子上布满了各种各样的调制药品和治疗患者时留下的奇怪痕迹。有的瓶子里装满了五颜六色的液体，黄色的是硫黄，银白色的是水银，等等；有的罐子里装着用来止血的蜘蛛网，或

者治疗牙疼、化脓的药粉。

克拉克医生还收集了各种各样的草药、叶子、树皮和种子,用来配制药物。这时候,牛顿总是默默地注视着克拉克医生把不同的药品混在一起,配制成药剂。他还在笔记本上记下一些治疗方法。

毫不夸张地说,这个药房本身就是一个真正的化验室。药房里的器具、克拉克先生做的实验,都让牛顿产生了浓厚的兴趣。这些是书本里和课堂上都学不到的知识,让牛顿大开眼界,思维方式也发生了很大的变化。

克拉克先生家的这些瓶瓶罐罐,给了牛顿最早的化学启蒙。也就是从这个时候开始,他真正地接触了实验,也培养了对科学一丝不苟的态度。

不久,牛顿在克拉克先生那里借到一本对他来说非常重要的书——《人工与自然秘密》,书里全是奇妙的机械和器具,以及它们的制造方法和详细说明。牛顿如获至宝,如饥似渴地读着。

以前,上小学时,牛顿所做的手工完全是靠着兴趣和想象制作出来的,而现在,他按照书里的介绍,先进行设计,然后再画草图、计算、修改等,最终制作出能够实际操作的模型机械。他完全着了迷,简直达到了废寝忘食的程度。他还专门买了一个厚厚的笔记本,将书上重要的部分抄录下来。

克拉克先生是一个非常开明的人,他善于激发孩子们的好

奇心和想象力。这位药房老板不仅照顾牛顿的日常生活，还教给他化学、医药等方面的基础知识以及实验方法。可以说，克拉克先生就是牛顿走上自然科学探索之路的引路人。

奇妙的水漏时钟

每周一次,牛顿都要和史贝丽去教堂做礼拜,这是一周中最神圣的日子,所以绝对不能迟到。

但是有一次,沙漏时钟里的沙子结团了,堵住了出口,时间不准了,他们差点就要迟到了。牛顿和史贝丽飞快地跑起来,急急忙忙往教堂赶。

到了教堂,大家都已经坐在椅子上了。牛顿长出了一口气:"还好没有迟到。"他和史贝丽赶紧找了两个空位坐了下来,和大家一起等待神父的到来。

做完礼拜,牛顿和史贝丽走出教堂。史贝丽抱怨道:"今天太险了,我们差点就要迟到了!"

牛顿点了点头,说:"是啊,我早就注意到木箱老是漏水,这就是时钟不准的原因。"

史贝丽说:"等我回家,一定要跟妈妈说,让爸爸重新买一个沙漏，这样太耽误事情了。"

牛顿沉默了一会儿说："可是我们这里的沙漏本来就少，如果我们药房想换一个新的，可能没有那么容易。"

当时，钟表虽然已经发明，但因为工艺复杂，价格昂贵，并没有普及开来。老百姓一般买不起钟表，就只能利用日晷仪或沙漏计时。

沙漏计时虽然简单，但不是很准确，每次计时的时间也很短。而日晷仪又受天气限制，碰到阴天下雨，就没用了。即便是大晴天，从日晷仪上也只能读出大致的时间。

回到药房，史贝丽就问了克拉克夫人："妈妈，我们家的沙漏时钟已经不能用了，我们换一个吧。"

克拉克夫人面露难色："宝贝，沙漏时钟太珍贵了，我们去哪里买新的呢？听说今天做礼拜你们差点迟到，妈妈先把里面的沙子换一下，你们先用一段时间再说。"

史贝丽不太开心，跑到楼上牛顿的房间去了。她唉声叹气地说："妈妈果真不愿意换新的沙漏时钟。"突然她眼睛一亮："牛顿，你那么喜欢做手工，能不能想办法做一个沙漏时钟呢？"

这个提议让牛顿陷入了沉思，虽然他上小学时就做过日晷仪，毕竟，沙漏时钟和日晷仪是不一样的两种事物。

他发现沙漏时钟会漏水是造成时钟不准时的原因，那么再做一个沙漏时钟，过不了多久，还是会遇上同样的问题。有没有可以替代沙漏时钟的另外一种时钟呢？

牛顿在脑海里快速搜索着关于时钟的资料。他想起书上有关于水漏时钟的资料，打算试一试。

牛顿先做了两个水槽，两槽相连处有一个小孔，还有时间刻度。他一个晚上都守在水漏时钟旁，当教堂的钟声响起时，水漏时钟里的浮标却还停留在五点半左右，慢了半小时。牛顿并没有灰心，又把小孔挖大了一些。第二天晚上，他依旧守在水漏时钟旁边，一晚上没有睡觉。这一次，当浮标到达数字6，教堂的钟声也刚好敲响。

这钟声宣告牛顿研制水漏时钟成功了！他激动地大喊："我成功了，我成功了！"

克拉克夫妇和史贝丽听到这响亮的欢呼声，急忙跑到牛顿的房间。

"这是利用漏刻做的水钟，刚才对了时间，很准的。"牛顿激动地向克拉克夫妇介绍着他的新发明。

克拉克夫妇仔细地看着这座漏刻水钟，真是又惊又喜。

"哇，太了不起啦！我马上把这个水漏时钟放在药房的大厅里，好让每一个来药房的人都能看到准确的时间。"克拉克先生把钟搬下楼，放在药店大厅最显眼的地方。

药店里有一座准确的时钟的消息立刻传遍了附近的乡村，赶集的人们成群结队地前来观看，发出啧啧称赞。

魔术风车

在英国的某些地区，风车并不十分常见，因为到处都是溪流，可以供水车磨坊使用。因此，当格兰瑟姆镇装了一架风车，大家都跑出来看它是怎样工作的。

风车的叶片上装有兜风用的帆布篷，风一吹，四个叶片就转动起来，以此带动石磨磨出面粉。有风的日子，风车就会"咕噜咕噜"转起来。

牛顿每天上学都要经过这个风车磨坊，他非常喜欢那架风车。在他看来，只需要一点点风，庞大的风车就能转动起来，还能带动石磨将麦子磨成面粉，真是太神奇了！

这天放学后，天气很闷热，一丝风也没有。牛顿一边低头走着路，一边想："风车是靠风来带动的，可要是没风，风车还能转动吗？"这时，他抬头看见树上的树叶纹丝不动，非常着急，不由地加快了脚步，朝风车磨坊走去。果然，那架风车无精打采地立在那儿，一动也不动。

牛顿心想：有没有什么办法能让风车不受风的影响，一直转动呢？想到这里，牛顿向磨坊主人说明了来意，请求磨坊主人让他好好看看大风车的构造。

磨坊主人一听觉得这个孩子的想法很有意思，便答应了他的请求。牛顿谢过主人之后，走进磨坊里，仔细观察，一边看一边记，把那些最重要的部分画在纸上，或默记在心里。

回到克拉克先生家，牛顿把自己关在屋子里，认真地揣摩着风车的构造：翅翼如何安装在转轴上，又是如何传动，这个齿轮和那个齿轮如何啮合才能带动磨盘旋转……他将每个细节都画了出来。史贝丽在旁边做他的助手。

"牛顿，史贝丽，你们俩又在做什么东西？"克拉克先生来到二楼，看着在细长三角形木框上贴着的风车叶片问道。

"爸爸，我们在做风车模型。"史贝丽骄傲地说。

"了不起。我等着看你们的风车！"克拉克先生竖起了大拇指。

几天后，一个直径大约50厘米的风车模型便做好了。从外形看，这个木头风车和风车磨坊里的大风车简直一模一样，几个翅翼安装在一根轴上，下面是一个小小的圆石磨。

史贝丽兴高采烈地叫来克拉克先生："爸爸，快来看，我们的风车做好了。"克拉克先生抚摸着风车上的叶片，问道："牛顿，你打算把它安在什么地方呀？"

"安在药房的屋顶上吧。"牛顿回答道。

"好呀,这样还可以当我们药房的招牌呢!"克拉克先生说完就爬上房顶,牛顿和史贝丽则小心翼翼地递上风车。大约半小时后,风车稳稳当当地安到了屋顶的架子上。

这时正好有风,那四片细长的三角形木片带着风车辘辘地转了起来。很快,这架形状奇特的风车就成了格兰瑟姆镇上的热门话题。路人都被这架风车吸引住了,纷纷过来观看。

牛顿并没有满足,他在想,怎么才能让风车在没有风的时候也能转呢?突然他想起集市里被装在笼子里的小白鼠。于是,他用木条钉了一个小圆轮一样的笼子,把它和风车连接在一起,将一只小白鼠放在圆轮里,小白鼠拼命地奔跑,蹬着轮子,轮子旋转便带动了风车。

空中一丝风也没有,可风车依然不停地转着。"咕噜,咕噜",风车的转动声让人们惊讶万分。这真是一架"会魔术"的风车!小镇的人们无不佩服牛顿的才能。从此,格兰山姆镇上转动的风车便成为一道最亮丽的风景。

系灯笼的风筝

还在孩童时期,牛顿就特别喜欢做风筝,他制作的风筝也比别人飞得高,甚至有许多大人做的风筝都比不过他的风筝。这一切都是因为牛顿喜欢观察和思考,并且会一遍遍地动手实验,直到达到自己需要的效果。

如今的牛顿更加进步了,既在课堂上学到了很多知识,也在课余时间看了很多关于机械原理的书,这些都为他的手工制作增加很多科学性。

牛顿改造风车时,因为长期观察风车的转动过程,所以对"风速"与"风向"也有了一些认识。这对他做风筝很有帮助。

要让风筝飞得高、飞得稳,就要利用好风向与风速的变化。牛顿一边琢磨着如何利用风向和风速变化的问题,一边动手制作各式各样的风筝,然后拿出去放飞,在一次次的实践中总结经验,进行调整。

他发现，拉线的着力点不同，风筝放起来会有些许变化，而风筝尾巴的长短、重量的变化也直接影响着风筝飞起来的高度。通过反复的实验、摸索，牛顿终于做出了样式美观、飞得又高又稳的风筝。

有一天晚上，牛顿正在收拾自己的房间，突然发现了一个小灯笼。这个灯笼是牛顿冬天上学用的，也是他自己做的。因为到了冬天，白天很短，夜晚很长，每次上学都要很早起床，出发的时候天还很黑。有一次，牛顿在去上学的路上，因为没看清脚下的路，摔得鼻青脸肿。所以他决定做个灯笼照明。

牛顿看着这个灯笼开始想，能不能把灯笼系到风筝上呢？这样风筝岂不是可以在夜晚放飞了吗？静谧的夜晚，天空中繁星点点，系着灯笼的风筝徐徐上升，与繁星遥相呼应。光是想象着这样的画面，牛顿已经兴奋不已。

牛顿立刻把灯笼上的灰尘擦了擦，点上一根小小的蜡烛，系在白天做的风筝尾巴上，拿到外面，开始放。风筝越飞越高，点着蜡烛的灯笼在风筝的后面缓缓地移动着，像一个火尾巴。

镇上的人看见了，都大惊失色，以为那是彗星。人们认为这是不祥之兆，充满了恐惧，以为格兰瑟姆镇要出大事了。

传闻传到牛顿耳朵时，他大吃一惊。他没有想到，自己的突发奇想会给人们带来恐惧。于是，他扯断风筝线，让风筝飞走了。

当牛顿的同学知道所谓的"彗星"是牛顿制造的后，纷纷来找牛顿让他传授经验。

"牛顿,你的风筝为什么会飞得那么高,教教我们吧!"

"其实也没有什么,就是在制作之前要考虑好风筝的样式和比例的搭配。还有,要注意风力和气流对它的影响。这样制作出来的风筝就能飞得比较高啦!"

牛顿又一次因为自己的发明和创造被人们认可,他的中学生活越来越丰富多彩。可以说,牛顿在格兰瑟姆镇度过的这段中学时光是他一生中最快乐幸福的日子。他尽情地遨游在知识的海洋里,享受着美妙的读书时光。

第四章

辍学回家

母亲的愿望

心不在焉的农夫

不务正业的生意人

追风少年

重回学校

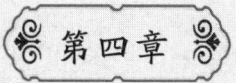

中外名人传记 牛顿

母亲的愿望

牛顿已经非常习惯紧张而忙碌的中学生活了,他过得既充实又愉快。但是,人的命运总是充满戏剧性。

牛顿上中学一年多后,他的继父史密斯牧师去世了。于是,母亲带着三个年幼的孩子又回到了乌尔索普村,并且希望牛顿每个周末都回家与家人团聚。

虽然牛顿不善言谈,刚开始无论如何也和母亲、弟弟妹妹们亲热不起来,总感觉有点别扭。但是时间长了,他渐渐和大家熟悉起来,并且相处得还不错。

一天放学,牛顿从实验室回来,收到了母亲的一封信,信中写道:

"艾萨克,我亲爱的孩子,妈妈怀着无比复杂的心情给你写这封信。最近我的身体不是很好,弟弟妹妹们都还小,家里的农活实在是太多了,我一个人实在是坚持不下去了。我知道你很爱学习，也很聪明，不想耽误你的前程。但是我实在是没有别的办法了，妈妈非常希望你能够回家，帮助我料理庄园里的事。"

牛顿非常理解母亲的心情。每周末回家，他眼看着母亲为了维持一家老小的生活，不得不早出晚归忙于农活，身体越来越差。他知道，母亲唯一能依靠的就是自己了。

牛顿也一直为自己不能替母亲分担辛苦而备感愧疚，所以每次一回家就努力地帮母亲干活。牛顿反复读着母亲的来信，思考了很长时间，他知道，母亲是多么盼望自己回家呀！

尽管不愿意放弃学业，可一想起日夜劳累的母亲在等着他，牛顿最终还是下定决心，收拾行李，准备起程。

当牛顿告诉克拉克夫妇自己要回到庄园帮助母亲干活的时候，夫妇二人都觉得特别震惊。牛顿在他们家的这段时间，他们看得出来，他是一个非常聪明的孩子，将来在学业上一定会有所成就。

史贝丽也对牛顿恋恋不舍。一年多来，他们朝夕相处，已经成为最好的朋友。临走前，牛顿将自己做的手工制品全都留给了史贝丽。

牛顿赶到学校和斯托克校长告别。虽然牛顿刚入学时表现并不是特别突出，成绩也一直没有达到出类拔萃的程度，但是斯托克校长凭着几十年的教学经验，坚信牛顿是一个前所未有的天才，并且一直非常关注他的学习。听到牛顿辍学回家的消息,斯托克校长非常难过。

临上马车时,牛顿问克拉克夫人:"夫人,我以后还能来药店借书吗?"夫人说:"当然可以,欢迎你常来。"

牛顿坐上马车,告别他生活了快两年的格兰瑟姆镇,告别他最喜欢待的药店,告别和蔼可亲的克拉克夫妇和整天陪他一起在二楼房间里做实验的史贝丽,泪水渐渐模糊了双眼。

很快,乌尔索普村到了,这熟悉的庄园、熟悉的小河,又将与自己朝夕为伴了。当牛顿踏进家门的那一刻,他暗暗下定决心,虽然不能在学校读书,但还是可以继续学习。想到这里,他的心中又充满了希望。

心不在焉的农夫

虽然牛顿当起了小农夫,但是他的心思还在读书上。只要一有机会,牛顿就会捧起书认真地读。即使是在农场里干活,他也是满脑子在思考水车、风车以及恒星、行星的运动轨迹等。所以,牛顿经常忘记自己手上正在做的事情,而是跑回去翻看书本,查找资料。

闲暇时,他要么用各种工具刻着模型,要么沉醉于对各种问题的思考。他内心深处,没有一天停止过对知识的渴望。

母亲看出来儿子的心思并不在农活上,只好打发他去放羊,心想这么轻松的事情,儿子应该可以胜任了。但是事与愿违。

这一天,牛顿把羊群赶到山坡上,就解开绳索让它们自由活动,自己跑到树荫下专心地思考起问题来。失去了看管的羊群咩咩叫着四散开来,跑到邻居家的地里,把菜苗吃了个精光。

这可给母亲惹了大麻烦,她不仅给人家赔礼道歉,还拿出

钱赔偿别人的损失。

夕阳西下，专心的牛顿还不知道发生了什么事情，等他赶着羊群快回到家时，看到妹妹安娜早已等在门口，神色紧张地说："哥哥，大事不好了。邻居大姊来我们家告状了，咱家的羊把她家的菜苗给吃了！"

"啊？这可怎么办？"牛顿知道自己闯了大祸。

等到回到家，牛顿赶紧上前给母亲道歉："妈妈，对不起，我不是故意的。只是我想问题想得太投入了，完全忘记了羊群。"

母亲无可奈何地看着牛顿，本来指望他能回来帮自己打理庄园，这下看来没什么指望了。

后来，牛顿再放羊的时候就留心多了，尽量离庄稼地远一些，可时间一长，他又埋头看起书来，把放羊的事情忘得一干二净。

不务正业的生意人

牛顿连放羊的活儿也做不好,母亲非常着急。无奈之下,只好让他去做生意,这样对他以后接管庄园也是一种准备。于是,母亲便把去城里卖农产品的活计交给了牛顿。

每个周六的早晨,牛顿要前往格兰瑟姆镇上的集市出售庄园的农产品,然后买回来未来一星期庄园所需要的日用品。

这天,牛顿早早完成了母亲交给她的任务。回来时,天还早,牛顿不想坐在马车上,就牵着缰绳,慢慢悠悠地走着。

独自一人走在乡间的小路上,四周静悄悄地,路上的行人也非常少。走着走着,牛顿开始沉浸在各种问题之中。他走一路,也想了一路,突然他听到了肚子咕咕叫的声音,才猛地醒了过来。

四周也太安静了吧,连马儿的脚步声都没有了。他回头一看,糟了,马和马车早已经不知道去了哪里,他手里只剩下一根缰绳。

牛顿被吓出了一阵冷汗,这可如何是好。丢了马和马车,肯定会挨骂。牛顿四处找了很久,也没有看到马和马车的影子,只好拖着疲惫不堪的身体回到家。

当母亲知道事情的真相后,又伤心又生气。为防止这样的情况再次发生,从此以后,母亲就让家里的一位老仆人陪牛顿一起去赶集。

牛顿非常开心,因为,这样一来,他去格兰瑟姆镇的时候就可以去克拉克夫妇的药店看书了。

下一个集日到来时,牛顿赶着马车和老仆人一起去格兰瑟姆镇卖菜。马车进了集市,牛顿看见克拉克先生的药店便对老仆人说:"我有点事要办,你帮我去卖菜,卖完到这家药店来找我。"说着,他就跳下马车,钻进了药店。

克拉克先生看见牛顿进来,惊讶极了。牛顿回家以后,克拉克一家都很想念他。克拉克先生大声叫着:"牛顿回来了,牛顿回来了!"

史贝丽在楼上听到爸爸的呼唤声,又惊又喜,三步并作两步地冲了下来。

"牛顿,真的是你吗?"史贝丽激动地都要哭了。她立马拉着牛顿,上了二楼。原来牛顿住的房间,克拉克夫妇还为他保留着。这天,牛顿在克拉克夫妇的药店待到很晚才回家。

吃晚饭的时候,母亲和外婆问起牛顿在集市上的情况,弟弟妹妹也好奇地望着他，希望他讲讲镇上的新鲜事。可牛顿支支吾吾，什么也说不上来。吃完饭，牛顿马上回到自己的房间专心读书，一直读到深夜。

以后只要牛顿到集市上，就会回到克拉克夫妇的药店，借阅各种各样他感兴趣的书籍，直到老仆人完成任务，来叫他回家。除了在药店里看书，他还会借几本书带回家看。

枯燥乏味的农场生活终于有了一点起色。

追风少年

1658年秋天，天空持续密布着乌云，黑压压的乌云裹挟着响雷，一场罕见的暴风雨侵袭了英格兰，乌尔索普村也遭到了重创。山洪暴发，河水泛滥，所经之处，房屋倒塌，庄稼被淹，大树被连根拔起，牲畜死伤不计其数。农民遭受了前所未有的灾难。

村里的人基本上都出动了，筑坝的筑坝，垒堤的垒堤，有人打木桩，有人扛沙土，每个人都想尽办法，要挡住洪水，保护好村子。终于，在大家的齐心协力下，洪水被挡住了。

狂风在外面肆虐着，似乎要把整个世界掀翻，疲惫不堪的人们都躲在家里，不敢出门。

牛顿家的房子也在风雨中剧烈地摇晃着，好像要倒了似的。风把篱笆撕扯成两段，柴草四下乱飞，各种农具东倒西歪。牛顿的母亲眼睁睁看着外面的一切，心急如焚。

然而此刻，牛顿脑子里想的却是：风究竟有多大的力量呢？它的速度有多快？能用什么办法测量出来呢？

这时，母亲听见仓库的门哐啷哐啷地响个不停，便喊道："艾萨克！快去后院把仓库门关紧，快！"

牛顿答应一声，就跑出去了。

过了十分钟，母亲还是没有看到牛顿的身影，她赶紧喊来跟着牛顿去集市的老仆人，让他帮忙出去找。

老仆人穿上雨靴，披着雨具，走进了狂风暴雨中。

弟弟妹妹听见外面电闪雷鸣，狂风大作，吓得扑在母亲怀里。

"哥哥不会被大风刮跑了吧？"妹妹安娜非常担心。

听着外面越来越大的风声，母亲紧紧地搂着孩子们，心中更加着急。过了半个小时，牛顿还没有回来。母亲越来越担心，决定出去看看。她安顿好三个孩子，不顾一切地冲出家门，去寻找牛顿。

母亲来到仓库前，门已经被狂风刮倒在地上，门上的锁链也被刮断了。她发了疯似的奔跑起来，一边跑一边大声呼唤着牛顿的名字，当她来到后院时，眼前的一幕让她惊呆了。

此刻的牛顿并没有被大风刮跑，而是像一只矫健的雄鹰，在风雨中穿行。

牛顿浑身湿淋淋的，头发被大风吹起来，随着风的方向舞动。他一会儿逆风跑，一会儿顺风跑。过了一会儿又登上石阶，开始顺风跳和逆风跳,并且蹲到地上,在自己的脚后跟放上几块石头。当一阵大风刮来时,他又扭过身,顺着风势使劲一跳,然后又立刻蹲下去,在脚后跟那儿摆上几块石头做记号。

为了接受更大的风力,他索性敞开斗篷,奋力向上跳跃。狂风夹着雨水疯狂地倾泻在这并不强壮的身躯上,风雨中,那张本来清瘦的脸显得更加可怜,叫人心疼。

母亲伫立在风雨中,心中满是困惑。她忽然觉得儿子既熟悉又陌生,尽管牛顿的行为总是那么怪异。

"艾萨克,你在干什么?"汉娜大声问。

"妈妈,我在测风的力量和速度。"牛顿两眼放光,向母亲解释说,"我知道自己的体重,又知道逆风跳和顺风跳的距离,我想求出……"还没说完,他的下半截话就被风声淹没了。

在田地里找了一圈的老仆人这时候也赶到了后院,看到牛顿头发乱蓬蓬的,忽跑忽跳,一点儿不像个正常人,而夫人在旁边也傻了眼。他大声说:"夫人,少爷,我们赶紧回去吧,外面风太大了!"

被老仆人硬拉回去的牛顿一进屋子,就把弟弟妹妹们惊呆了。而当天晚上,母亲却睡不着了,她想了很多。

"我把牛顿从学校叫回来,到底是对还是错?"

"这个孩子一点都不爱干农活,我还要不要让他继续待在这里?"

在这样一个暴风雨的夜晚,为了知道风力的大小,一个乡村少年用自己的身体在一次次地实验，忘记了寒冷，忘记了恐惧，忘记了母亲交代的事情，更忘记了自己的存在。

牛顿所做的，恐怕是人类历史上第一次对风力和风速进行测量的物理实验。

重回学校

天气一放晴,母亲就急忙去找牛顿的舅舅,向他讲了牛顿从学校回来后各种奇奇怪怪的表现。最后,她向弟弟讲述了暴风雨之夜牛顿的所作所为。威廉听呆了,简直不敢相信自己的耳朵。

"唉,这个孩子!"同时威廉意识到了一点,对妹妹说:"我看牛顿一点都不适合务农。"

"是啊,他的心思根本就不在田地上。"汉娜向哥哥抱怨着,想起牛顿干的一件又一件傻事,自己都想笑。

"这反过来说明牛顿是多么热爱读书和钻研啊!在这么艰苦的条件下,他依然没有停止学习,这么说来,我还是挺佩服我的小侄子的,将来一定会有出息!"威廉说。

"是啊!我本来想着让他回来帮帮我,也为他以后继承庄园做做准备,现在看来,是我想错了。这几天我一直在想这个问题，所以今天来跟你商量一下。"母亲说出了自己来的目的。

威廉说："是啊，孩子那么喜欢学习，我们为什么要强迫他去做不喜欢的事情呢？我今天还有别的事情要忙，等过两天，我到你家，当面问问牛顿的意思。"

没过几天，舅舅专门到庄园来了一次。到了牛顿的房间，他拿起牛顿阅读的书和笔记本翻看起来。他发现牛顿自学了很多东西，有些问题已经钻研得很深很细了。

他激动地对妹妹说："这个孩子绝对不应该当一个农夫，他应该成为一位学者，甚至是一位教授。我们必须为他制订一个长期的学习计划，首先，他应该回到格兰瑟姆镇去读完中学，然后去上大学。"

母亲一听到哥哥的话，神情有点犹疑："可是，哥哥，你知道的，我们家的情况不允许牛顿上学。"

哥哥早有所准备："汉娜，你是在为牛顿的学费担心吗？如果是这样，你大可以放心。昨天，我已经和格兰瑟姆皇家中学的校长斯托克先生商量过了，把牛顿的情况和他说了一下。本来斯托克校长就很喜欢牛顿，牛顿走的时候他就觉得很遗憾，失去了一个好苗子。所以，他说要过来跟您谈谈呢。"

斯托克先生思想开明，并且十分崇尚知识。他曾在剑桥大学学习过，来到格兰瑟姆皇家中学后，精心培养了一批热爱学习的学生。他独具慧眼，发现了别人不曾发现的人才。牛顿就是其中之一。

当别人都以分数来衡量一个学生的能力时,他却能从创造力、想象力、动手能力等多方面来判断一个学生的综合素质。对于牛顿,他发现他最大的优点是善于思考、勤于动手、不惧失败,这些都是一个研究者必备的能力。斯托克先生坚信自己的眼光。

甚至他还想把牛顿送到大学里深造,没想到牛顿突然被他的母亲叫回家了。斯托克先生觉得万分惋惜。当他看到牛顿舅舅来学校找他的时候,真的是太兴奋了!只要牛顿能回来上学,他愿意亲自跑一趟。

这天,牛顿正在庄园里干活,突然看到远处有一个人,急急忙忙向庄园走来。等那个人走近了,牛顿才看清是久未见面的斯托克先生。牛顿十分激动,紧紧地握着校长的手不放。

"牛顿,真高兴还能再见到你。你母亲在家吗?"校长也兴奋不已。

"在。妈妈,校长先生来了!"牛顿大声喊道。

正在忙碌的母亲看到斯托克校长真的来了,忙不迭从屋里出来迎接。

"校长先生,您好!让您亲自跑一趟,真是不好意思啊!"母亲没想到校长先生还真的来了。

一坐下来,斯托克先生就开门见山说道:"您的儿子牛顿是一个非常难得的人才,如果回到学校继续学习,我保证他可以进大学!"

"可是这么大个庄园,家里老的老,小的小,我自己一个人忙不过来,还指望他帮帮我呢。"母亲面露难色。

"夫人,牛顿不是为了继承庄园而生的,您可不要为了一时的利益耽误了孩子的前途啊!请您一定要仔细考虑!"斯托克校长非常严肃地说。

"这……唉……"牛顿的母亲支支吾吾道。

"是因为学费的事情吗?这您不用担心,我来想办法。"校长非常坚定。

"这怎么好意思呢?不过我们做家长的还是希望孩子能做自己感兴趣的事情。"牛顿的妈妈看校长态度这么坚决,终于松了口。

"谢谢校长先生,谢谢妈妈!"牛顿开心地跑了出去。

"能得到您的同意真是太好了,而且牛顿去读大学的时候,还可以申请奖学金。一切困难都是可以解决的。"校长先生也欣慰地笑了。

母亲也笑了,她还不知道自己这个决定对于牛顿乃至整个世界有多大的影响。

很快,牛顿回到了格兰瑟姆皇家中学,仍然寄宿在克拉克先生家里。他心中有一个信念:"我一定要加倍努力学习,考上大学!"

1661年,牛顿以优异的成绩从格兰瑟姆皇家中学毕业。在毕业典礼上,斯托克校长当着全体老师、同学和家长的面,把牛顿叫到主席台上，激动地称赞牛顿的才华。他说："牛顿是格兰瑟姆皇家中学最优秀的学生，是我们大家的骄傲，每一个格兰瑟姆皇家中学的学生，都要以他为榜样，向他学习！"

当牛顿被剑桥大学录取的消息传来，整个村里的人感到十分震惊，当年那个出生时差点死掉的早产儿，那个被老师和同学称为"呆子"的学生竟然考上了剑桥大学。牛顿一时成为大家议论的焦点。人们为他感到高兴，也为村里出现这样一个人才而感到自豪。母亲为自己当初做了正确的决定而感到欣慰。

1661年6月，牛顿告别亲朋好友，带着对知识的渴求和对科学殿堂的向往，来到了仰慕已久的剑桥大学。

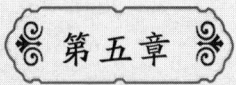

第五章

初入剑桥

减费生

遇见恩师巴罗教授

遇见好友威金斯

减费生

剑桥大学成立于1209年,是英国最古老、最负盛名的大学之一,那里聚集了一大批有威望的学者,是英国的学术中心。牛顿被录取的是三一学院,三一学院成立于1546年,是在亨利八世时合并数所学校建成的,是剑桥大学中规模最大、名声最响亮的学院之一。

走在剑桥的大街上,牛顿像个乡巴佬一样四处张望。正在他左右徘徊的时候,一位绅士模样的中年男子来到他的身旁。牛顿赶紧上前去,问道:"先生,请问剑桥大学怎么走?"

"你是入学的新生吧。"

"是的。"

"你要去哪个学院?"

"三一学院。"

"从左边这条路往前走,再过一个路口,右转,过了马路就到了。"

牛顿谢过那位绅士，按照他的指引，来到了三一学院的门前。

首先映入眼帘的是那美丽而壮观的大门，上面雕刻着亨利八世的肖像，这位英王不仅创立了英国国教，也是这个学院的创办人。进了大门，里面是许多古色古香的建筑。校舍是用美丽的茶色砖建造的，弥漫着一种古典浪漫的气息。

牛顿一边观赏着校园的美景，一边沿着铺满碎石的小路慢慢走着，不知不觉来到了一座礼拜堂的门口，只见礼拜堂门前塑有许多雕像。这是校方为毕业后在社会上取得伟大成就的校友塑造的一座座大理石像。望着那些雕像，牛顿暗下决心，一定要努力奋斗，把自己的雕像也留在这里。

来到宿舍，牛顿和室友一一打了招呼。宿舍中正好有几个人相约去酒馆，他们叫牛顿一起去，牛顿婉拒了，说想先去图书馆看看。同学们一阵哄笑后，离开了宿舍。

简单地收拾一下自己的床铺，牛顿便开始在校园里寻找图书馆。他永远也忘不了，第一次走进图书馆时那种激动的心情。图书馆又高又大，里面摆满了一排排书架，书架上摆放着各种各样的书，牛顿觉得眼睛都不够用了！除了书籍，还有一包包手稿也整齐地摆放在书架上，那是许多学者毕生的研究成果。

牛顿屏住呼吸，找啊，找啊，终于找到了自己喜爱的书。他快速翻阅着，如饥似渴，心里想，世界上有这么多知识，自己一定不能虚度年华！

牛顿之所以能进入三一学院，一个非常重要的原因就是，这里有减费生的制度。

减费生可以通过勤工俭学的方式，在学校干点杂活，赚取一部分学费和生活费。

进校后不久，牛顿就申请成为一名减费生。他每天负责把学生餐厅出售的食物和饮料分送给就餐者，来换取免费的一日三餐。

剑桥大学当时有特权生，这些特权生包括资优生、公费生、全自费生、贵族子弟和富商子弟等。他们的想法很简单，在剑桥大学混上四年，完成"镀金"之旅，回到故乡从事稳定的工作。他们大多都瞧不起减费生，经常嘲笑他们。但是牛顿并没有因此而自卑，反而激起了斗志，他相信依靠自己的努力，一定能超过别人。

在剑桥求学的牛顿仍然是孤独的。这不仅仅因为他从小就沉默寡言以及减费生的身份，更重要的是他从不随波逐流。他不仅在学业上十分勤奋刻苦，还广泛涉猎课业之外的知识，特别是数学、自然科学方面的知识。这些为他以后成为伟大的科学家打下了坚实的基础。

中外名人传记　牛　顿

遇见恩师巴罗教授

牛顿最初在剑桥大学的指导老师是普林先生。普林老师当初也是以减费生的身份进入三一学院的，后来升至教授，在这一职位上工作长达12年。他在1660—1664年间有包括牛顿在内的57个学生，因此无法给予牛顿很多学业上的指导。但是，他似乎察觉到这个学生和其他公子哥不一样，所以给牛顿开了一张长长的书单，让他自己阅读。

读大一的时候，牛顿除了和另外几个减费生一起擦桌子、打扫地面、刷洗餐具之外，就是利用一切时间读书。

他从普林老师给出的书单里挑选出大量的自然哲学领域的论著。从古希腊的亚里士多德，到笛卡尔、伽利略、开普勒等人，牛顿将这些人的论著都一一仔细研读。

有一次牛顿吃饭时，听到邻桌的几个同学在谈论巴罗教授。他们称赞巴罗教授知识渊博，既讲授希腊语，又教数学，甚至还开设了光学讲座。牛顿想，有这么好的老师真是幸运，但愿自己也能早一天成为巴罗教授的学生。

巴罗教授是研究欧几里得几何学的一流学者，以创立在曲线上做切线的方法而著名。他在数学、光学等方面都有很深的造诣，精通希腊文和阿拉伯文。在查理二世统治时期，他被任命为三一学院的院长，并被誉为"欧洲最优秀的学者"。

在巴罗就任卢卡斯数学讲座教授的时候，牛顿的导师普林向巴罗教授介绍了牛顿的出色表现。这个时候，牛顿已经上了大学三年级。巴罗教授很想深入地了解一下牛顿，于是，有一天，他把牛顿请到了自己的家里。

"随便坐，普林先生向我推荐了你，你能谈谈对自己学业的打算是什么吗？"

"我很想学习数学。"牛顿回答道。

"哦，那你对哪个数学家感兴趣？说说看。"巴罗教授接着问牛顿。

牛顿一听巴罗教授让他谈数学，话匣子就打开了。他就刚刚学过的无穷极数等数学问题和巴罗教授进行探讨。

巴罗教授认真听着牛顿的见解，高兴地说："你在这些问题上想得很多啊，看来，你对笛卡尔的数学很感兴趣。"

"是的，我看过笛卡尔的《几何学》。"在上大学之前，牛顿的数学知识仅限于简单的算数。在两年的大学生活里，他自学了数学。在这个过程中，他慢慢意识到，数学是进行任何一种科学研究必备的武器，是科学家必须掌握的一种"语言"。不懂数学语言，就无法阐述自己的理论，任何研究都将寸步难行。

"那么，欧几里得的几何学呢？你知道多少？"巴罗教授进一步追问。

说到欧几里得，牛顿正想和教授讨论一下。他曾经在集市上买了一本占星术的书，却看不懂里面的一幅星空图。于是，他又去买了一本讲三角学的书来看，却还是看不懂，只好再去找来一本欧几里得的著作，希望从中学到一点三角学的基础知识。牛顿看了一部分后觉得那些定理和名词都十分简单，为什么那些不证自明的公式还要被写成学术专著呢？

面对牛顿提出的质疑，巴罗教授非常严肃地说："当然有这个必要。有些被人们一直认为已经很清楚、很简单的事物，往往是错误的，就是因为缺乏认真的论证。只有通过严密思考，才能进行准确的证明。"

"如果你没有把欧几里得的理论基础吃透，那么笛卡尔的高级解析问题学得再好也是没有用的。科学研究需要一步一个脚印，容不得眼高手低啊！"巴罗教授语重心长地说。

牛顿的脸唰地一下红了，在知识渊博的数学教授面前耍小聪明真是不应该。

巴罗教授在与牛顿交流的过程中，发现他在数学方面还是有特殊天赋的，如果能跟着自己好好学习，肯定会有更大的造诣。于是他对牛顿说："从明天开始你可以来听我的课。"

牛顿开心地谢过巴罗教授，回去就到图书馆借来了《欧几里得几何学》。牛顿读上几页，就停下来，认真思考已经看过的内容，确保自己已经弄懂了，再往下读，边读边演算边做笔记，发现还有不明白的地方，就一遍一遍地读，直到彻底消化为止。

读完欧几里得的著作，牛顿又把笛卡尔的数学和各种不同版本的三角学等方面著作借来研读。每读完一本，他都在书的边角或笔记本上写下自己的思考。

巴罗教授是牛顿在数学领域的引领者，而当牛顿在数学、光学、力学等方面的学识超过自己的时候，他毅然让出"卢卡斯讲座"教授的位置。科学精神的传承在他们身上得到了真正的展现。

遇见好友威金斯

大学生活非常丰富多彩，郊游、打扑克牌、下棋、下酒馆，课余时间的活动让人眼花缭乱。

因为宿舍非常吵闹，牛顿常常无法静下心来好好学习。为了躲避宿舍里的喧闹，牛顿常常独自一人在僻静的草坪上看书思考。

有一次，牛顿的室友又开始呼朋唤友，在宿舍里打牌喝酒，牛顿无可奈何地拿起正在读的书走出宿舍。当他走到平时经常去的草坪时，发现另一个同学也在看书。

那个同学主动向牛顿打招呼："你好！我叫约翰·威金斯。"

牛顿也礼貌地回答："你好！我叫艾萨克·牛顿。"

威金斯奇怪地问："你为什么跑到外面来读书呢？"

牛顿叹口气说："唉，我的房间里太吵，没法读书。"

威金斯亲切地拍了一下牛顿的肩膀，感慨地说："我们真是难兄难弟啊，我和你的遭遇是一样的！"

终于遇到一个喜欢读书的朋友，牛顿灵机一动，马上提议："如果你愿意，我们两个人搬到一起住吧！"

威金斯完全赞同，一把拉住牛顿的手说："好啊！我们可以去请求学校，让我们住在一起！"

很快，他们搬到了一起。从此，牛顿有了一个好朋友，也有了一个安静的学习环境。牛顿在剑桥学习期间，他们一直住在一起，两个人的室友关系维持了20多年，从未中断。

他们的住处与其说是卧室或者书房，不如说是一间实验室。书架上摆满了装着化学药品的瓶子和各种实验仪器，后来房间里又挤进许多盛放化学原料的柜子。

威金斯长期担任牛顿的助手，他的日常工作是记录实验要点、协助设置仪器和观测实验结果等各种杂务。

牛顿把自己想要探索和研究的东西列成了一长串清单。以下是其中一张单子上的一小部分：

时间与永恒

太阳、行星和彗星

空气和天气

密度和真空

重力和轻力

反射和光

热与冷

……

从学习到研究，从求知到探索，牛顿一步一个脚印，逐渐取得了令人瞩目的成果。由于不懈的努力和在学习上的优异表现，牛顿终于获得了公费生的资格，这不仅意味着有了一定的收入，更重要的是可以继续留在剑桥，取得更高的学位。

从此以后，牛顿把时间几乎全都用在学习和研究上，他当上了巴罗教授的助手，又有了新的进步。

1665年，牛顿发现并证明了著名的"二项式定理"。

1665年4月，牛顿获得了剑桥大学文学学士学位，完成了大学教育。由于巴罗教授和其他教授的支持，牛顿获得了继续学习3年的资格。

此时，牛顿正雄心勃勃地憧憬着未来的学术生涯，谁也不知道一场灾难即将改变所有人的生活。牛顿却在这期间开启了自己的"奇迹之年"。

第六章

奇迹之年

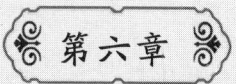

返回乡下

一个苹果的启示

创立微积分

彩虹的秘密

返回乡下

1665年对英国人来说,是一个可怕的年头。

这一年英国发生了毁灭性的瘟疫——鼠疫。鼠疫又叫"黑死病",人如果传染上,三天之内皮肤就会出现褐色的脓包或者丘疹,随后,脖子、腋窝和腹股沟等处会形成大块的肿块,接着就会头痛、呕吐、全身发冷甚至精神错乱,最后死去。更可怕的是,它传染快,一传十,十传百,没多久就会有很多人病倒,最终就是全家全村人死光。

300年前,黑死病曾在欧洲流行过一次,使整个欧洲都陷入了恐慌中。因为黑死病从发病到死亡的时间非常短暂,而且它的传染力极强,当时欧洲几乎有四分之一的人被黑死病夺去了生命,所以人们特别害怕这种传染病。

其实在1664年底,鼠疫已经率先袭击了伦敦的码头地区。在那里,贫穷的码头工人生活在拥挤而肮脏的环境里。到了春天，天气渐渐变暖，鼠疫迅速蔓延开来。

到了夏天，伦敦一周就有7万人死于这种病。几乎一半以上的人家门上都画着十字架，表示家中有人不幸患病。每天都有马车拉着死尸穿过街道，到郊外掩埋。人们开始想方设法逃离这个城市。

虽然剑桥大学距离伦敦有80英里，但是学校为了学生和教师们的安全，还是决定在1665年8月关闭所有学院。

威金斯得知这个消息后，立马跑回住处告诉牛顿："外面发生鼠疫了，伦敦大街上已经见不到一个人影，学校让我们快点收拾东西，所有的教授、职员和学生都疏散到乡下，赶快投亲靠友。"

威金斯一边说，一边开始收拾自己的行李，并催促牛顿，"你还愣着干什么呀？快收拾东西！"

"学校放假，看来真不能在这里待了，那就回家吧。"牛顿也开始收拾起东西。他把正在研究的书籍和资料，写得满满的几大本笔记，以及仪器、工具、刚买的三棱镜、刚磨好的几块透镜都塞进了行李箱。

"愿上帝保佑我们能再次相见！"牛顿和威金斯互相道别。

威金斯匆匆走了，牛顿带着沉甸甸的行李也回到了故乡。此后将近两年时间里，他再也没有回来过。

没想到，这个死亡之年，对于牛顿来说，竟是奇迹般的一年。牛顿在乌尔索普村的母亲家里，取得了现代科学史上最伟大的三项突破。

首先，他将自己发现的万有引力定律转换成了数学公式，成为物理学的指导原则。

其次，他发明了一种新的数学方法——微积分。有了微积分，人们就可以计算出事物的变化率，比如一只球被抛在空中时的运动轨迹，或者一个小男孩在起风时跳跃的弧线。

最后，他破解了彩虹的秘密，在人类探索光与色彩奥秘的道路上，向前迈进了一大步。

一个苹果的启示

回到故乡期间,牛顿对天体运行发生了极大的兴趣。

从亚里士多德到哥白尼、第谷、开普勒、伽利略,关于运行规律的思想已发生了很大的变化。

古希腊的哲学家亚里士多德主张地球是宇宙的中心,所有天体都围绕着地球作匀速圆周运动。他说,物体下落的快慢与物体的轻重有关,重的物体下落得快一些,轻的物体自然就会慢一些。

到了牛顿的时代,人们已经开始怀疑亚里士多德的提法,特别是伽利略提出了圆周运动的向心力和离心力的初步概念之后,人们想到天体运行和地面物体的运动可能受同一自然规律的支配,并且开始去寻找这样的规律。

什么是力?什么是物体运动的原因?什么是地球、月亮、太阳和其他千千万万个星球运动的原因?

在深邃的天空中，相隔遥远的行星为什么不会向四面八方自由地飞开，却像被什么东西拉住了似的，沿着一定的轨道绕太阳运行？假如太阳和行星之间、地球和月亮之间都存在着吸引力的话，那么，这种吸引力究竟是一种什么样的力？月球是人类最熟悉的一个星球，如果天体运行的法则对于每个星球都相同的话，那么是不是只要研究清楚地球和月球的关系，其他的就一目了然了呢？

牛顿在乌尔索普庄园里思索着这些有关天体运行法则的问题。

1666年秋天，一个晴朗的午后，牛顿坐在后院的苹果树下思考问题，忽然一个苹果掉了下来，砸到他的头上。他摸了摸被砸痛的地方，突然想到自己一直以来思考的关于引力的问题，心底一下涌起了疑问：为什么苹果成熟之后不是往上飞，或者横着飞出去，而总是向下落呢？

究竟是什么力量使苹果非往下落不可。怀着这样的疑问，牛顿抬头仰望天空。

他想知道，让苹果落地的奇特力量是不是也可以延伸至天际，使得行星只能沿着特定的轨道围绕太阳旋转，而月亮也只能围着地球转动。

这时，妹妹安娜正巧走过来，看到牛顿拿着苹果皱着眉头，便笑着对哥哥说："哥哥，你是在研究苹果吗？"

牛顿招呼妹妹过来坐在树下，他指着苹果说："我是在想苹

果与月亮有什么不同。"

妹妹大笑起来:"这有什么好想的,它们本来就不一样嘛!一个在树上,一个在天上。"

"对,你说得很对。"牛顿赞许道,"月亮在天上是绝对不会掉下来的,而苹果却能从树上掉下来砸到我的头。"

"苹果会掉到你头上,会有这么巧的事?"妹妹不相信。

"是啊,我也奇怪呢。我正在树下思考问题,苹果就掉到我头上了。苹果为什么不掉向天空,却偏偏掉向地面呢?"

妹妹用鄙夷的口气说:"哥哥,这个问题有什么好想的,苹果熟了当然会往地上掉啦!"

"那么,这又是什么道理呢?"牛顿像是在问妹妹,也是问自己。

"哥哥,你真奇怪!这是所有人都知道的事实,不需要什么道理。"妹妹留下还在思考苹果和月亮的哥哥,转身走了。

牛顿看着苹果,反复思索着:苹果掉下来是因为它有重量吧。地球上一切物体都有重量,所以都会从高处落向地面。但是,重量又是如何产生的呢?

牛顿一边想一边自言自语:"是不是因为地球有一种力量,一切东西都会被吸向它?物体所具有的重量,可能就是它受到地球吸引力的一种表现吧。"

牛顿继续思考着:苹果会因为地球引力掉下来,那么,月球为什么不会受地球引力掉下来呢?而且,月球为什么还会和地球保持一定的距离运转呢？这是不是因为月球和地球的距离比苹果和地球的距离大得多的关系呢？

牛顿接着又想：如果苹果和地球之间有引力，那月球和地球之间是不是也有引力存在？

这时候，牛顿突然想起了小时候曾和小伙伴们玩过的一种游戏，就是用绳子绑住一块石头，抓住绳头在手上甩来甩去，石头就会绕着圆圈打转。如果把手当成地球，把石头当成月球，那绳子便成了地球引力，这样就可以理解月球为什么会保持一定距离绕着地球转，而不会飞走或撞到地球了。同样的道理，地球绕着太阳转，也是因为这种引力的关系。

这个游戏给了牛顿很大的启发。他逐渐形成了一种完整的引力思想：太阳有吸引各个行星的力，地球有吸引月亮的力，地球有吸引苹果等地面物体的力，物体之间具有相互吸引的力，等等，这些都是同样性质的力，而且遵循着同一规律。

同样的现象在别人眼里早已司空见惯，不当作一回事，而牛顿却通过自己的思考发现了万有引力定律。

牛顿开始研究这些规则，并将它们转换为公式，就是人们所熟知的"牛顿运动定律"。后来，他把自己发现的运动定律与万有引力定律结合在一起，形成了现代物理学的理论基础。

牛顿想清楚了力与力之间的关系，又开始计算这些力的大小。

地球吸引月球的力与吸引苹果的力有多大差别呢？天体引

力的大小与距离是怎样的关系呢？是不是完全像开普勒三定律规定的那样呢？

开普勒定律是德国天文学家开普勒提出的关于行星运动的三大定律。第一定律和第二定律发表于1609年，是开普勒从天文学家第谷观测火星位置所得资料中总结出来的；第三定律发表于1619年。

第一定律又叫作椭圆定律，即所有行星绕太阳的轨道都是椭圆，太阳在椭圆的一个焦点上。也就是说，行星绕太阳转时，离太阳的距离时近时远。

第二定律也叫面积定律，即行星和太阳的连线在相等的时间间隔内扫过的面积相等。也就是说，行星靠近太阳的时候距离小、速度快；远离太阳的时候距离大、速度慢。

第三定律也叫周期定律，所有行星绕太阳一周的恒星时间的平方与轨道半长轴的立方成正比。离太阳越远的行星，公转周期越长。

为了计算这些力的大小，牛顿需要知道地球半径长度的准确数字。然而，在乌尔索普村，他没有资料可以查找，只能凭借记忆计算出一个数字。

因为没有办法证明这个数字的对错，牛顿只好把这个计算的结果、理论的推导等一大堆手稿放在了一边。牛顿心想，等瘟疫过去，回到剑桥大学，一定要把这个数字算准确。

直到20年后，牛顿使用了准确的资料，重新计算，出色地证明了这个定律的正确性。等到《自然哲学的数学原理》出版时，万有引力定律在书中得到了完整而清楚的表述。

当有人问牛顿是怎么想到那些伟大发明时，他回答说："我经常将一些问题摆在眼前，等到第一道曙光缓缓出现，再一步步地看到充盈、明晰的光芒。"万有引力定律不是一天或者几天发明创造的，而是牛顿经过20年孜孜不倦的钻研和努力获得的。

创立微积分

早在公元前7世纪,被称为"科学与哲学之祖"的泰勒斯就开始用含有"微积分"思想的方法对球的面积、体积与长度等问题进行研究。公元前3世纪,古希腊的数学家、力学家阿基米德的著作也已含有"积分学"思想的萌芽。在我国魏晋时期,刘徽发明了"割圆术",这也是"积分学"思想的早期萌芽。

人类经过漫长的发展,已经积累了太多难以解决的问题,特别是历史的车轮来到17世纪时,许多科学问题已经十分迫切地需要更有利的数学工具来解决了。在这种背景下,有史以来最为有力的数学工具——"微积分"呼之欲出。

牛顿很早就已经对数学上的变量问题开始了探索。在乡下避瘟疫的这段时间,牛顿开始了对微积分的研究,并且取得了很大的进展。

这天傍晚，母亲做了一桌丰盛的晚餐，弟弟妹妹们都围坐在桌前，只等哥哥牛顿下楼吃饭。可是等了老半天，也不见他下楼。

"哥哥，该吃饭啦！"妹妹安娜肚子早就饿了，生气地冲着二楼大声呼喊，可是楼上一片安静，没人回答。

弟弟说："哥哥一定是看书看着迷了，你还是去楼上把他叫下来吧，否则我们还不知道什么时候才能吃上饭呢。"

妹妹噘着嘴来到二楼，推开哥哥的门，一看，牛顿正趴在桌子上演算数学题呢。

"哥哥，吃饭啦！妈妈今晚做了好多好吃的，全家人都在等着你呢！"妹妹走到桌子旁，大声地说。

但是牛顿好像没有听到她在说什么，手里的笔继续写着各种公式。妹妹见哥哥无动于衷，使劲拉了一下他的胳膊："哥哥，你自从从学校回来，也不陪我们玩，也不帮妈妈干活，整天待在屋子里不出去，你到底在干吗？"

看到妹妹生气了，牛顿放下手中的笔，拉着妹妹的手说："对不起！哥哥忽略了你们。这是数学上的二项式定理，我发现了一个特别有趣的算法。我想把它论证好，等我做完这个，一定陪你们好好玩玩，好吗？你告诉妈妈，不用等我吃饭了。"

就这样，牛顿废寝忘食地继续着他的数学研究。

牛顿提出，每一段曲线可以无限分小，到很小很小，这最后很小很小的一段曲线，可以求出它的切线，从而求出它的斜率,这个斜率就是这段曲线的变化率,牛顿把它命名为"流率"。这种变化的数,牛顿叫作"流数"。用现代数学语言来说,"流数"也叫作"变量","流率"也叫作"导数"或者"微分","流数术"的逆运算叫作"积分"。牛顿创立了"流数术",实际上就是创立了我们现在所说的"微积分"。

微积分的创立,极大地推动了近现代数学的发展,解决了过去很多用初等数学无法解决的问题。它对18世纪的数学产生了重要而深远的影响,数学因此迎来了一次空前繁荣的时期。

但牛顿当时只是把微积分当作一种研究工具,用它来做进一步的研究,因此,并没有将它发表出来。他没有想到由此引起了一场争论。

彩虹的秘密

还在剑桥大学的时候,牛顿就选择了光色现象作为自己研究的第一个课题。现在,牛顿躲避瘟疫回到家乡,有了较充裕的时间,他除了研究万有引力和微积分,还抽出时间进行光学研究。

那时候,人们普遍认为光是白色的。甚至还有人认为颜色是不同色调的黑暗与白光混合而形成的。但牛顿对此很怀疑,他想弄清光的本质到底是什么,由哪些成分组成,又是如何进行传播的。

一天吃午饭时,牛顿对弟弟妹妹们说:"吃完饭到我屋里来吧,我给你们看一个很有趣的东西。"

弟弟妹妹们兴奋极了,吃完饭立马跟着哥哥走进二楼的房间。

妹妹安娜迫不及待地问:"哥哥,到底有什么好玩的东西我们看呀？是给我们买的新玩具吗？"

"哈哈，这东西比玩具可好玩多了。"牛顿一边说着，一边拉上厚厚的窗帘，屋里顿时暗了下来。接着，牛顿将墙壁上一个小孔的盖子打开，忽然，一束阳光从小孔中直射进屋。

牛顿让弟弟妹妹们坐下，从桌上拿起一样东西，放在那束阳光前面。瞬间，那束阳光就变成了一条七种颜色的光带。赤、橙、黄、绿、青、蓝、紫，七种颜色依次排列着，像彩虹一样浮现在黑暗的小屋中，如梦如幻。

"哇，真漂亮！"弟弟妹妹们惊呆了。

"这简直就是真的彩虹。哥哥，你太厉害了！"妹妹用崇拜的眼光看着哥哥。

"哥哥，你是怎么变出彩虹的，快告诉我。"弟弟问道。

这时，牛顿不慌不忙地将窗帘拉开，举起手上的东西，原来是一块三角形的玻璃柱。

"咦，这就是一个很普通的玻璃柱嘛，也没有颜色呀！"妹妹抢过哥哥手上的玻璃柱，仔细地研究着。

"这叫三棱镜。太阳光是白光，但通过三棱镜的折射，就会变成七色光。"牛顿解释道，"不过这个现象的原理，我还没有想出来。"

"好吧，你继续研究你的原理，我们可以拿这个三棱镜出去玩吗？"弟弟妹妹们问。

"可以啊，不过不要打碎割破手指了。"牛顿嘱咐弟弟妹妹。

这个三棱镜是大约一年前牛顿在剑桥的一个集市上买的。这个实验，他曾经在剑桥大学的宿舍做过，至于为什么会出现这样的现象，牛顿仍然没有找到答案。

接着，牛顿又试着开始做另一个实验。这个实验要用两个小孔和两个棱镜来完成。第一个小孔就是墙壁上的那个孔。同之前一样，阳光透过这个小孔照进第一个棱镜里，并经由棱镜把七色光折射在木板上。而木板上有第二个小孔，牛顿只让七色光中的某一种颜色穿过小孔，照到第二个棱镜上。

在这之前的很长一段时间里，人们都认为是棱镜给光线上了色。但牛顿的实验证明这种认识错误的。因为如果真是这样的话，那么所有穿过第二个小孔的光线，就应该重新呈现出七种颜色。而事实并非如此。

牛顿成功地证明了棱镜无法为光线"上色"，而是光线自身由七种不同的颜色组成。

也许这个实验还不够充分，于是牛顿又做了一个实验。这次，他还是用两个棱镜，但他把第二个棱镜颠倒过来。让人吃惊的是，在第一个棱镜把白光分成七种不同的颜色后，第二个棱镜居然可以将它们重新组合起来，又变成了一束白光。

牛顿发现了彩虹的秘密——它并非像传说中那样，是一罐黄金发出的亮光。彩虹原来是"白光"穿过大气中由雨滴构成的"微小棱镜"后被分解出来的七种不同颜色。

可以说，牛顿是第一个分解了日光的人，他为现代光学奠

中外名人传记  牛　顿

定了基础。完成整个实验后，他得出的结论是：阳光看起来似乎是白色的，实际上却是由七种颜色混合而成的。

这项光学研究真是个伟大的发现，因为在当时，对于光的研究，最落后的就是有关颜色的研究。

牛顿的这个发现推翻了亚里士多德和笛卡尔对颜色的解释，因而迅速轰动了科学界，引起了强烈的反响和争论。

亚里士多德曾断言：彩色是黑暗和光明不同比例的混合。这个论断已经存在了1600多年，被写入许多国家的教科书。

而笛卡尔的理论是：光是一个一个极小极小的小球，每个小球旋转着，不同的颜色是不同旋转速度的小球造成的，转得最快的小球是红色，其次是黄色，然后是绿色、蓝色，转得最慢的是紫色。

但是由于当时实验条件不完备，牛顿和他同时代的人没有观察到太阳光谱中有许多黑色的条纹。1814年，德国的物理学家夫琅和费发现了太阳光谱中的576条暗线，并测出了这些暗线对应的波长。这些暗线被人们称为夫琅和费线。1859年，德国的两位物理学家基尔霍夫和本生对夫琅和费线进行了研究，发现这些黑暗的谱线是由太阳上的各种元素形成的。

牛顿所做的光谱折射实验，对人类科学宝库的贡献是巨大的，他发现了光的奥秘，解开了一个千百年来无人能解开的关于光的谜团。

第七章

初露锋芒

"卢卡斯讲座"教授

自制望远镜

发现"牛顿环"

"卢卡斯讲座"教授

1666年9月1日夜晚，伦敦布丁巷内的一家面包店着了火。第二天上午起风后，火势随风蔓延到整座城市。熊熊的火舌贪婪地吞没了一片片拥挤的茅草屋，炽烈得让人无法靠近。

这场大火整整烧了四天四夜，伦敦损失了13000间房屋和87座教堂，其中就包括著名的圣保罗大教堂。火势还越过了弗利特河，威胁到了查尔斯二世国王在怀特霍尔宫的内廷。不过，随着风势减弱，消防队员最终成功地扑灭了这场大火。

与这场火灾一块到来的是一个喜讯——大火不仅烧毁了许多建筑，也烧死了那些携带病毒的老鼠！英国的鼠疫终于结束了。

6个月之后，牛顿又回到了剑桥大学三一学院。

回到三一学院不久，牛顿参加了一场决定前程的考试。如果考得好，他就可以留在学院任教，成为一位学者，做研究、上课、培养学生。那一年，三一学院只有9个职位空缺，所以竞争非常激烈。

最终牛顿顺利地通过了三天口试和一篇论文的考试，拥有了在三一学院终身工作的资格。一得知这个消息，他就动身前往剑桥镇，在那里买了12码（码是英制的长度单位，1码≈0.914米）的深蓝色布料——三一学院学者长袍用的布料。

三一学院会给就职人员发放每月2英镑的津贴以及购置服装的费用，还提供一间免费使用的工作室。有了稳定的收入后，牛顿就去伦敦买来许多做实验所必需的设备、仪器和化学药品，在自己住的房间外面垒起两个炉子，安上坩埚，以便做化学实验。另外，牛顿还添置了一些日常用品。在分离出的彩虹的所有颜色中，最令牛顿迷恋的是深红色。因此，在这次难得的大采购中，牛顿买的新靠垫、床罩、窗帘、地毯都是他最爱的颜色——深红色。

由于科研成果显著，1667年秋天，牛顿被任命为选修课研究员。1668年3月，牛顿又被任命为主修课研究员；同年7月，牛顿接受了文学硕士的学位。

牛顿和他的老师巴罗教授经常就各种问题进行沟通和交流。牛顿从来不会发表那些不成熟的概念，也不愿意提出尚未能用数学表达或以实验具体化的想法。但是巴罗教授深信将研究成功发表的必要性，或者至少也要与别人共同讨论才是。

1668年9月，巴罗教授有一个朋友叫柯林斯，他是出版家，热衷于推动欧洲各地的科学家用信函和发表论文的方式开展联系。有一次，柯林斯寄给巴罗教授一本由荷兰地图制图学家墨卡托写的《对数的技巧》，内容是讨论计算对数的一种新方法。

巴罗教授把这本书交给了牛顿，他知道牛顿早在两年前就研究过比这更高深的数学。

牛顿仔细阅读了《对数的技巧》一书，立刻写下一篇著名的论文《无限级数的分析》，将他早些时候研究数学时在这方面的心得做了阐述。巴罗教授看后非常兴奋。

经过巴罗教授的劝说，牛顿最终同意把论文《无限级数的分析》寄给了柯林斯。巴罗教授随后立即给柯林斯写了一封信，语气非常骄傲：

> 作者的名字是艾萨克·牛顿，他是我们学院的研究员，很年轻。我敢说，他的前途是不可预期的，他注定会在数学领域取得极大的突破。

事实上，这篇论文一直到1711年才付印，这已经是在《光学》出版后约7年，《原理》出版后约24年。

巴罗教授对牛顿的才华非常赏识，他发现弟子的研究能力在不少方面已经超过了自己。在牛顿给巴罗教授做助理的两年间，他在学术上提出了很多建设性意见和创造性思维。因此巴罗请牛顿为他编撰自己在"卢卡斯讲座"上的光学理论讲义，并在《序言》中表达谢意，称赞牛顿为"饱学睿智之人"。

1669年下半年，巴罗教授应国王查理二世之邀，担任王室教堂牧师一职。在赴任之前，巴罗教授向校方进言，力主由牛顿接替自己的"卢卡斯讲座"教授一职。

1669年10月29日，年仅26岁的牛顿晋升为第二任"卢卡斯讲座"教授，成为剑桥大学最年轻的教授之一。

1670年1月，初为人师的牛顿第一次走上讲台，继续讲授恩师巴罗未完成的光学课程。但是他和巴罗的上课内容大不相同，牛顿讲的都是自己在光学上的发现以及各种各样的实验内容，学生们常常听得一头雾水。

由于教学内容太过高深，再加上牛顿的授课风格不像巴罗教授那么风趣幽默，所以第二堂课来的学生寥寥无几，到了第三堂课的时候，教室里就空无一人了。

牛顿倒是不太在意，即便对着空荡荡的教室也要按部就班地讲授课程，这一节讲讲光学，下一节讲讲数学，讲授的大部分内容都是日后他那两部旷世巨著《光学》和《自然哲学的数学原理》中的内容。

剑桥大学规定，"卢卡斯讲座"教授每年至少要把10份讲稿交给大学图书馆保存。按照这个规定，牛顿把大量讲稿和资料交到图书馆，这里面包括光学的、力学的、天文学的、化学的手稿，等等。这些资料清晰地反映了牛顿探索和研究的历程，有着非常丰富的内容。

从一个大学新生到成为"卢卡斯讲座"教授，牛顿总共只用了8年时间。犹如他以无比惊人的速度攀登学术的阶梯一样，牛顿也以无比惊人的速度同时进行着科学与数学的研究工作，终于使他的名字镌刻在不朽的历史丰碑上。

自制望远镜

牛顿最关心的还是他自己的研究工作,他在成为"卢卡斯讲座"教授之后所致力的第一项科学研究,就是把光学列为他第一套教学讲义的主题。

在乡下躲避鼠疫时,牛顿已经能够用棱镜展现白色光是由多种颜色光混合而成的性质,光谱的一端是红色,另一端是蓝色。1669 年末至 1670 年初,他又重新开始做这些实验,以证明他的颜色理论绝无可疑之处。

在重做的一组实验中,第一个实验只用到几张纸卡和两块玻璃棱镜,其简明的设备被后人尊称为"实验的十字架",这使科学界首次见识到他作为实验家的天赋。

牛顿所做的实验是要证明白光是由有色光谱混合而成的,并且"纯"的太阳光会被棱镜"分离",这是光谱中的各成分被"弯曲"或折射到不同区域的缘故。

尽管实验有了一连串的成就，牛顿仍没有把这件事告诉任何人。剑桥大学以外的人第一次听说牛顿的名字是在他做"实验的十字架"两年多以后。那时，他制造了一架反射式天文望远镜。

伽利略第一个把折射式望远镜用于天文观测，发现了月球上的环形山和木星的四个卫星。但是，伽利略的折射式望远镜有很大的局限性。它有两个问题始终无法解决：一是颜色差，二是球面图像差。这些问题，使得望远镜中的成像总是带有色彩而模糊不清。

牛顿总结前人的经验与不足，努力探索着改进折射式望远镜的途径。他在想，为了改进望远镜的功能，能不能不用透镜而改用凹面镜来制造望远镜呢？

牛顿的反射式天文望远镜完全是他自己独立做出来的。他先是自己铸出一个凹面镜的毛坯，然后用几天几夜的时间，通过一圈圈地研磨，磨出一个亮得耀眼、表面上没有任何缺陷的凹面镜。

接着，他又造出一个镜筒、一个小小的平面镜和支架，安装好以后，在镜筒的相应位置钻一个孔，再把它装在一个底座上。就这样，改进后的望远镜诞生了！

这个望远镜的凹面反射镜直径只有 2.54 厘米，它的放大倍数却大得多，牛顿用它清楚地观测到木星及其卫星群，也看到了金星的角。

牛顿的望远镜又一次轰动了剑桥大学，消息不胫而走，许多人天还没黑就等在牛顿的望远镜前面，想从这个神奇的东西里看一看神秘的天空。

在巴罗教授的一再坚持下，1671年底，牛顿将这架天文望远镜带往皇家学会。皇家学会的许多天文学家、数学家都争先恐后地用它观测天空，一个个啧啧赞叹，表达着对牛顿的钦佩。

英国国王查理二世听说以后，不禁好奇心大发，要亲眼看一看这架望远镜。一时间，牛顿的望远镜成了全英国最热门的话题。

反射式望远镜开创了望远镜的一个新时代。牛顿的名字因此逐渐传遍了英国，传遍了欧洲。

英国皇家学会决定授予牛顿会员的称号。1672年1月11日，牛顿刚过完29岁生日，提名便被顺利通过了。

牛顿送给皇家学会的那一台望远镜，至今还被珍藏在伦敦。

发现"牛顿环"

牛顿对于颜色是如何形成的这个问题到了痴迷的境界。有一天,他看到街上孩子们在玩吹泡泡的游戏,发现泡泡在阳光的照耀下,会产生美丽的环纹,于是决定研究出它的原理。

但是肥皂泡很难测量出厚度和大小,而且非常不稳定,容易破碎,无法拿来做实验。于是牛顿想出了更为稳妥的方法,就是磨制凸透镜。

牛顿取来两块玻璃体,一块是 14 英尺望远镜用的平凸透镜,另一块是 50 英尺左右望远镜用的大型双凸透镜。

在双凸透镜上放上平凸透镜,使其平面向下,当把两个玻璃体互相压紧时,围绕着接触点的周围就会出现各种颜色,形成色环。这些颜色又在圆环中心相继消失。当压紧玻璃体时,在别的颜色中心最后出现的颜色,初次出现时看起来像是一个从周边到中心几乎均匀的色环,再次压紧玻璃体时,这个色环会逐渐变宽，直到新的颜色在其中心出现。如此继续下去，第三、第四、第五种以及跟着的别种颜色不断在中心出现，并成为包在最内层颜色外面的一组色环，最后一种颜色是黑点。

反之，如果抬起上面的玻璃体，使其离开下面的透镜，色环的直径就会偏小，其周边宽度则增大，直到其颜色陆续到达中心，后来它们的宽度变得相当大，就比以前更容易认出和识别它们的颜色了。

牛顿做实验时，不仅使用白色的光，也用其他颜色的光。他发现光透过透明的薄膜时，会产生一圈圈往外扩展的五彩环纹，环纹与环纹之间以黑色隔开。这些环纹还会依光谱的顺序排列，环纹的大小则因颜色不同而有所差异。

经过无数次实验，牛顿终于成功地用数学公式证明了环色与薄膜厚度的关系，这就是著名的"牛顿环"。"牛顿环"是一个很重要的发现，这其实就是光的干涉现象，是光的波动说的有力证据之一。

第八章

巨人之争

宿敌胡克

微积分发明权之争

有错就改

宿敌胡克

牛顿在各个领域取得不同科研成果的同时,各种各样的干扰和烦恼也开始伴随着他,折磨着他,让他不得不一次次被裹挟在纷争的旋涡里。

当时有位叫胡克的科学家,也是剑桥大学一位卓有成就的教授,以研究领域广而著称。

在物理学研究方面,他提出了描述材料弹性的基本定律——胡克定律;在机械制造方面,他设计制造了真空泵、显微镜和望远镜,并将自己用显微镜观察所得写成《显微术》一书,细胞一词即由他命名;在新技术发明方面,他发明的很多设备至今仍然在使用。

除去科学技术,胡克还在城市设计和建筑方面有着重要的贡献。胡克也因其兴趣广泛、贡献重要而被某些科学史家称为"伦敦的莱奥纳多(达·芬奇)"。

胡克 28 岁的时候，就成为英国皇家学会会员，那时，牛顿才开始读大学二年级。

当皇家学会第一次展示牛顿的望远镜时，胡克就在众多会员面前说："这有什么了不起的！我早在 1664 年就做了一个这样的望远镜，虽然只有 3 厘米左右长，但放大性能非常好，比一架用普通方法设计的 15 米长的望远镜还要强呢！"

会员们听了都大吃一惊，纷纷问他："是真的吗？那么这样说来，发明这种望远镜的应该是您而不是牛顿喽。"

"那当然！"胡克非常得意。

"那您发明的望远镜在哪里呢？给我们看看。"有人追问。

"可惜啊，瘟疫一发生，我不得不离开伦敦，大火后的重建工作又需要我参与，那架望远镜不知道被谁偷去了。我现在忙得已经没有时间再去做了。"胡克回答道。

其实大家都知道胡克喜欢吹嘘自己。他曾经宣称自己已经研究出来三十几种飞行的方法，但是不能描述细节，因为怕被别人窃取技术。这一次，他又想通过这种方式让皇家学会的同事判定他是制作反射式望远镜的第一人。但他既拿不出书面的证据，也没有实体模型展示，最后落得个自吹自擂、更加让人反感的下场。

尽管人们并不相信胡克，但这件事对牛顿的名誉还是造成了一定的伤害。

《通信》是皇家学会的重要期刊，是一份学会成员之间互相沟通理念的定期刊物。1665 年，《通信》改名为《通报》，它是现今科学期刊的最初模式，内容包括论文、通信和会议记录。

1672年2月，牛顿的《光与颜色的新理论》刊载于《通报》上。按照惯例，论文发表之前，都必须经过皇家学会成员的评判与核实。胡克作为实验主任，负责分析牛顿在此篇文章中的理论，然后写成报告提交皇家学会。

在这篇论文里，牛顿系统地总结了光的色散，指出了光的微粒说。牛顿认为光是一种物质，由光粒子组成。

胡克教授只花了3个小时就对牛顿的这篇文章提出批评："牛顿所做的结论，在我看来并不一定是所描述的实验的必然结果。"继而声称："我的粒子振动理论能够同样完善地解释牛顿的实验结果。"

牛顿开始还容忍着，后来被胡克一次又一次的挑衅激怒了，终于他不甘示弱，开始还击。他对胡克的反对意见逐条地提出反驳。1672年6月，牛顿在一封给胡克的信中是这么开头的：

> 胡克先生认为他只是指责我放弃用折射的道理来改进望远镜，但是他首先应该清楚地了解一个基本原则：一个人不应该为别人的研究立下范围，尤其是当他并不知道别人的研究以何为基础时。

然后牛顿在信中把自己和胡克学说不同的地方，逐条一一列举说明。

这封信是在皇家学会的会议上当着胡克的面宣读的,当时胡克哑口无言。等到会议结束之时,胡克被皇家学会要求将牛顿原来的论文重做一次完整的评估,包括把牛顿文中详述的实验再做一次,以此验证牛顿提出的理论。所有这些,胡克都必须在短期内向皇家学会提出新的报告。

在与胡克多次争辩后,牛顿觉得非常伤心和失望,这些争论不是科学本身的争论,而是因嫉妒、不满而产生的争论。

1676年初,为了躲开争吵不休的伦敦皇家学会,牛顿决定回到剑桥,专心做他的研究工作。

微积分发明权之争

莱布尼茨与牛顿谁先发明微积分的争论是数学界至今最大的公案。

莱布尼茨是德国著名的哲学家、数学家,是历史上少见的通才,被誉为17世纪的亚里士多德。他本人是一名律师,经常往返于各大城镇,他的许多公式都是在颠簸的马车上完成的。

莱布尼茨与牛顿并称为当代两大数学天才,19岁时就获得了法学博士学位。莱布尼茨在进入莱比锡大学之前,就对数学及科学很感兴趣,已经熟读了伽利略、开普勒和笛卡尔等大学者的经典名著。他和牛顿一样,在整个大学期间,除了学习正规课程以外,一直进行着研究工作。他自制了一台实用的计算机器,这使他在1673年第一次游历伦敦时,就被推荐为皇家学会院士。

后来因为一篇有关法律的论文,莱布尼茨被任命为驻巴黎的外交官。莱布尼茨虽然是一位外交官，但因为他在数学方面很有天分，所以在这一方面也有很高的成就。莱布尼茨驻巴黎以后，结交了一位荷兰数学家霍金斯，两人因为兴趣相投，便共同研究有关微积分的问题。

1673年，莱布尼茨在拜访皇家学会的时候，结识了收藏家兼出版家柯林斯并与其开始通信。那时，柯林斯希望有一天可以出版牛顿的著作，和牛顿也保持着书信的来往。

独自在巴黎的一间阁楼里埋头研究的莱布尼茨，只要有了新的研究动态，便会写信告诉柯林斯。而柯林斯为了鼓励他，也会给他介绍一些在皇家学会内部流传的最新思潮。1675年，柯林斯曾经寄给莱布尼茨一份最新的无穷级数进展目录，其中涉及牛顿等其他人的研究，但内容中没有一个数学公式。

柯林斯希望莱布尼茨能对牛顿的变动法做进一步的研究。莱布尼兹看完信后，对其中几篇论文特别做了笔记。正是这些笔记，让人们以为他抄袭了牛顿的微积分研究内容。其实，牛顿给柯林斯的信件、报告是用字谜形式来阐述微积分思想的，莱布尼茨并没有看懂。

依据莱布尼茨的笔记本，1675年11月11日他便已完成一套完整的微分学研究。莱布尼茨于1684年10月发表了他讨论微积分的第一篇论文，将其刊载于莱比锡大学的学术刊物《学术论文集》上。他定义了微分概念，采用了微分符号 dx、dy。1686年他又发表了一篇论文，讨论了微分与积分，使用了积分

符号[

1699年,有人率先跳出来指责莱布尼茨,认为他的微积分思想其实来自牛顿的研究成果,这是赤裸裸的剽窃。因为牛顿于1666年已经率先发现了微积分概念——流数术,但当时牛顿并未将发现成果公布出来,只是记在自己的笔记本中。科学圈内,也只有牛顿的几个好友知道此事。

之后,又有皇家学会的成员站出来指责莱布尼茨,说他只是替换掉了牛顿研究成果的几个符号,微积分真正的发明者应该是牛顿。随后,英国科学界与欧洲大陆科学界为此爆发了激烈的争论。

看着大家这样吵来吵去,当时的皇家学会就坐不住了,开始出来主持公道,宣布彻查此事。经过一年的调查,英国皇家学会终于在1712年得出了初步结论:牛顿是微积分的发现者,莱布尼茨则是抄袭者。但是争论并没有因此而停止。

当时,牛顿已经担任了英国皇家学会会长,莱布尼茨则担任普鲁士科学院的院长。这场微积分发明权之争,刚开始不过是两位数学家谁率先发明微积分的问题,到最后却演变成了英国科学界和欧陆科学界的一场正面交锋。莱布尼茨因使用较佳的记号,他的发现很快在全欧洲得到广泛应用,却遭受了英国科学家与数学家的漠视。牛顿时期的英国数学家本来是领先于全世界的,但他们在拒绝使用莱布尼茨的记号之后,便在接下来的50年失去了优势。

不过莱布尼茨对牛顿的评价非常高,在1701年柏林宫廷的一次宴会上,普鲁士国王腓特烈询问莱布尼茨对牛顿的看法,莱布尼茨说道:"在从世界开始到牛顿生活的时代的全部数学中,牛顿的工作超过了一半。"

牛顿在1687年出版的《自然哲学的数学原理》第一版和第二版中也写道:"十年前在我和最杰出的几何学家莱布尼茨的通信中,我表明我已经知道确定极大值和极小值的方法、作切线的方法以及类似的方法,但我在交换的信件中隐瞒了这方法……这位最卓越的科学家在回信中写道,他也发现了一种同样的方法。他叙述了他的方法,它与我的方法几乎没有什么不同,除了他的措辞和符号以外。"因此,后来人们公认牛顿和莱布尼茨是各自独立地创建微积分的。

牛顿从物理学出发,运用几何方法研究微积分,其应用上更多地结合了运动学,造诣高于莱布尼茨;莱布尼茨则从几何问题出发,运用分析学方法引进微积分概念,得出运算法则,其数学的严密性与系统性是牛顿所不及的。

这场长达40年的争执直到1716年莱布尼茨去世才渐渐平息。

中外名人传记  牛　顿

有错就改

巴罗教授逝世后不久，胡克便被选为皇家学会秘书长。胡克继任为秘书长以后，为了表示自己的大度，曾主动写信给牛顿，想与牛顿恢复关系。胡克还在信中说，法国一位天文学家莫桑第斯提出了行星运动的新观点，对此，他很想知道牛顿有什么见解。

牛顿看到胡克态度有变，便很友好地回答了胡克的询问，还向他提出了一个很有趣的力学问题，即如何证明地球是绕着它的轴心在自转。

如果地球确实在自转，而且速度很快，为什么人们感觉不到呢？是因为人、房子、树木、山川、河流都随着地球一起自转，所以感觉不出来吗？

牛顿接着又提出一个问题：如果我们向天空垂直扔一块石头，这块石头仍然会垂直落向地面，并且落回到原来的位置吗？

还是由于地球的转动，石头会落在东面稍远一点的位置呢？如果竖起一根高到几英里甚至几十英里的旗杆，从高高的旗杆顶端扔下一块石头，那么这块石头会笔直地落在旗杆的底部吗？

对这一问题，牛顿认为，石头不会垂直下落，而是呈螺旋状下落；也不会落回原来的位置，而是往东一点落下。

接到牛顿的信，胡克非常开心，他找来纸笔，边画图边进行计算分析。

在皇家学会的会议上，胡克亲自朗读了牛顿的这封信。学会的会员们也激动不已，他们建议胡克亲自做这个实验。做实验之前，胡克又仔细研究了这个问题，发现牛顿的结论并不正确。

胡克认为，假如在地球的赤道上做这个实验，牛顿的推理基本是正确的，但如果在北半球，例如在伦敦，那块石头的坠落就不会偏东，而是偏东南。他还进一步推断，那块石头下落时所走的路线，不是呈螺旋状而是类似椭圆上的一段弧线。

胡克曾经输给过牛顿，这次他终于找到了战胜牛顿的机会，便在皇家学会的例会上向会员们指出了牛顿的错误。

经过实验证明，胡克的说法确实是对的。随后，胡克寄了一封信给牛顿，在信中指责他不懂引力的真正规律。

但是牛顿心胸宽广，他不仅给胡克回信表示感谢，而且承认自己的错误。牛顿并没有被打败，他暗下决心，进一步研究，一定要把引力问题搞得更准确。

从此，牛顿在力学上深入钻研，终于取得了丰硕的成果。

1682年，也就是牛顿最初在乡下避瘟疫期间研究引力问题的16年以后，牛顿才获得了地球半径准确的数据，他立即用新数据去验证自己曾经的理论，得出了令人满意的结论。这就是：无论是地球上的物体，还是宇宙间的天体，都遵循着同一规律运动。

第九章

巨著诞生

哈雷的拜访

埋头创作《自然哲学的数学原理》

《自然哲学的数学原理》的内容和意义

为学术自由而战

哈雷的拜访

1684年1月的一天,伦敦街头飘着雪花,行人瑟瑟发抖,一家咖啡馆里有三个人却进行着热情洋溢的讨论。他们是牛顿的死对头胡克、克里斯托弗·雷恩和埃德蒙德·哈雷。

哈雷是英国著名的天文学家和物理学家,毕业于牛津大学,也是发现哈雷彗星的那位科学家。雷恩是英国皇家学会的创始人之一,曾担任皇家学会会长,在天文学、数学和物理学方面都有深入的研究,但他主要是作为一个杰出的建筑师闻名于世,封有爵士头衔。著名的圣保罗教堂、格林尼治天文台都是他设计的。

他们一边喝着咖啡,一边在讨论着有关重力的问题。喜欢研究天文学的哈雷正在向另外两位请教一个问题:行星环绕太阳运转的作用力会与其跟太阳距离的平方成反比吗?

雷恩沉思了一会儿说:"距离平方定律必须加以证明,如果证明不出来,这个定律是否能够成立,就值得怀疑了。"

哈雷问:"那您研究的结论是什么呢?"

雷恩耸耸肩,无可奈何地说:"没有任何结果。"

爱吹牛的胡克此时脸上显露出得意的表情,说道:"关于这个问题,我已经证明过了。"

哈雷一脸佩服,认真地向胡克求教:"您真了不起,那么如果作用力是同距离的平方成反比的话,行星的运行该是什么样的状态呢?"

"这……这不是很明显嘛。"胡克闪烁其词。

哈雷对胡克的回答很不满意。讨论到最后,雷恩说:"这样吧,我给你们两个人两个月的时间,谁能证明出来这个定律,我就送给谁价值40先令的一本书。"

"没问题,"胡克显得胸有成竹,"我不久就可以公开这个证明,但是,我想再保密一段时间,因为别人也在研究这个问题,如果他们都碰了壁,没法解决,我再来公布,这样才显得更加可贵。"

很快,两个月过去了,没有一个人得到奖赏。雷恩逐渐对这个问题失去了兴趣,胡克则一直在敷衍,哈雷再也等不了了,决定自己想办法来解决这个问题。

哈雷知道牛顿一直以来对重力有所研究,也拜读过牛顿关于光学和力学的论文。1684年8月的一天,哈雷决定前往剑桥大学,亲自拜访牛顿,当面向他请教。

哈雷的拜访

经过一段时间的相处，哈雷有一天问牛顿："如果行星受太阳吸引，并且它们之间的作用力和它们的距离成反比的话，依您看，行星所走的路线是什么形状呢？"

牛顿不假思索地回答道："椭圆形。"

哈雷既惊喜又诧异，连忙问："您是怎么知道的呢？"

牛顿不可置疑地说："当然是我计算出来的啊！"

"那么您能不能把您的计算过程拿出来给我看看呢？"哈雷迫不及待地说。

"当然没问题。"牛顿立即开始在一大堆草稿纸中翻寻，可是怎么也找不到当时计算的草稿。

哈雷只好说："不着急，等您有空的时候麻烦帮我找一找，我过些时候再来。"

"好，我一定找到它。"牛顿保证道。

"那太感谢您了！"哈雷满怀期待。

等哈雷走之后，牛顿仔仔细细找了很多遍，还是没有找到当时计算的草稿。于是，他开始重新计算，在这个过程中，他发现原先的计算有需要完善的地方，便开始修改和调整，以求推导过程更加完美。

终于，三个月后，牛顿寄给了哈雷一篇共计9页的论文手稿，名字叫《绕转物体的研究》。

哈雷在收到这篇论文之后，非常激动，马上动身前往剑桥大学去见牛顿，希望牛顿允许他向皇家学会报告这些新的发现。

在得到牛顿的允许后，他立马赶回伦敦，准备在12月10日这一天的皇家学会会议上汇报这一情况。

因为时间太紧，哈雷迟到了，等他开始宣读牛顿的这篇论文时，许多院士都已经离席回家了。但是，剩下的几位院士听完后纷纷表示这篇论文非常重要，希望作者丰富一下内容，尽快发表。

不辞辛苦的哈雷又亲自向牛顿表达了皇家学会成员的意见，但是牛顿对那些争论和质疑带给他的烦恼和折磨心有余悸，又一次犹豫了。

哈雷看出了他的心思，非常恳切地说："先生，请您为了科学的发展，务必将它发表出来！"

牛顿被哈雷的热心感染，终于同意了。而他的这一篇论文，正是《自然哲学的数学原理》这部伟大著作的前奏。

埋头创作
《自然哲学的数学原理》

1683年,牛顿的室友威金斯离开了他。因为需要人协助他做研究,牛顿找了一个新的助手——汉弗莱·牛顿。汉弗莱·牛顿是牛顿的同乡,也是格兰瑟姆人,是国王学院里较为聪颖的学生,他的学费由牛顿负责,是校长沃克博士推荐来的。他为牛顿工作了5年,见证了牛顿创作《自然哲学的数学原理》的过程。

牛顿对自己的研究非常专注和认真。他每天基本上都是凌晨两三点甚至早上五六点才睡觉,一次只睡四五个小时。

他经常留在实验室里不回家,有一次竟然长达六个星期。炉火日夜不停地燃烧,他和汉弗莱·牛顿轮流整夜整夜地坐在熔炉旁守着,直到完成化学实验为止。

牛顿几乎是发狂地工作。他从未做过任何运动或休闲活动,既不骑马兜风,也不玩滚木球或其他任何运动。他轻易不离开书房半步，好像一分钟不做研究就要损失几小时的宝贵光阴。牛顿经常忘记吃东西，即使吃也绝对没有在餐桌旁坐下来好好吃过一顿饭，都是经过汉弗莱·牛顿再三提醒，他才会走到餐桌旁边，站着吃一两口，然后立马投入实验或计算。

有几次，牛顿本来是打算去餐厅吃饭的，但是当他走出实验室的门之后，没有往餐厅走，而是往大街上走去。汉弗莱·牛顿看到后赶紧叫住他，他才意识到自己走错了方向。他匆匆回头，不是走回餐厅，而是又回到了书房。

有时候，牛顿也会走到花园里散一会儿步，但是突然他就停下来不走了，嘴里念念有词，转身跑到楼上，像个孩子一样大声叫着："我找到了！我找到了！"然后就站在书桌前飞快地演算起来，连把椅子拉出来坐下的时间都省去了。

牛顿不知疲倦地工作，他与外面的通信也仅限于与工作有关的事情上，主要是与皇室天文学家弗拉姆斯蒂德之间的联系。弗拉姆斯蒂德尽可能为牛顿提供他想要的东西，包括恒星的方位和行星的位置，以为它们之间的相互关系，这些让牛顿得以精确地描绘1680年彗星经过的路径。

当牛顿在全力书写《自然哲学的数学原理》之时，哈雷也在为出版这本书做准备工作。在前面两册将要完成的时候，哈雷的经济状况出现了一点问题，他不得不辞去皇家学会的院士身份，被迫担任学会的干事。他面临着向皇家学会争取出版《自然哲学的数学原理》经费的难题。

当时，英国正处在政治动荡之中，皇家学会的主席被新王召唤入宫廷服务，两位副主席在休假，学会于是变得群龙无首。更糟糕的是，学会刚刚出版了一本具有学术价值却没有多少人买的书——博物学家威洛比的《鱼类志》，所以，学会暂时不想重蹈覆辙。哈雷凭着一腔之勇向学会表示，愿意将自己的薪酬捐出来作为出版费用。

除了经费问题，这部巨著的创作也受到了干扰，差一点夭折。原来，当《自然哲学的数学原理》第一卷原稿于1686年4月送到皇家学会后，胡克竟然在学会上诬告牛顿窃用他的理论。牛顿刚开始时还能心平气和地回复他的质疑，但是，胡克得寸进尺，要求牛顿在《自然哲学的数学原理》的序文中提一提这件事，这让牛顿忍无可忍，便声言他从没听过胡克的任何学说。

牛顿因为这件事而对出书的事感到心灰意冷，便马上写信给哈雷，让他停止第三卷的出版工作。牛顿说："对于第三个单元（最为重要的第三册），我现在决定将其压下。科学家常使科学变成一个鲁莽而且喜好争论的妇人，真令我不敢再接近它了。"

牛顿放弃出版，感到最伤心的当然是哈雷了。因为经费问题，哈雷准备自己出资出版这本书。哈雷本身的经济条件并不宽裕，他之所以这么做，完全是希望牛顿能将这份研究成果公布于世，造福人类。所以，当牛顿表示要停止出版时，他马上就赶到剑桥去找牛顿。

哈雷看到这位科学巨人时,便毫不客气地提出他的看法:"如果一个科学家发现了宝贵的真理,却因为个人的情感因素而不想公开发表,那真是科学上一个不可原谅的弱者。哥白尼、伽利略不都是为了真理,而用生命做赌注,发表他们的研究吗?这么看来,指责、误解和争论又算什么?先生,请您认真考虑一下!"

哈雷这种对科学的热忱,深深打动了牛顿。于是,牛顿再度提笔,写完第三卷。他一写完立即将全书寄到哈雷手中。哈雷看完之后回信给牛顿说:"全世界都会为你能够发表这本著作而感到骄傲,人类的智慧将会因此而达到更高的境界。"这部科学界的旷世杰作经过几番波折,终于能够全部问世了。

从1665年开始,经过20多年的努力,融合了多个不同领域的知识,这本论著终于面世。然而,牛顿真正花在写作上的时间,不过18个月而已。牛顿用全身心的投入、强大的意志力、卓越的技术能力和探究真理的精神,写出了这本改变世界的巨著。

《自然哲学的数学原理》的内容和意义

《自然哲学的数学原理》是用当时学术界的国际语言——拉丁文写成的,由三册独立而互有关联的单元及一篇引言组合而成。全书共三大卷,内容包罗万象,其中以牛顿的三大运动定律最著名。

著名的三大运动定律在引言中得到了充分的阐述,只要了解了牛顿的三大定律,就能知道宇宙间所有物体的动向。那么什么是牛顿的三大定律呢?

牛顿的第一定律就是大家最熟悉的惯性定律。他认为一切物体总保持匀速直线运动状态或静止状态,直到有外力迫使它改变这种状态为止。相信大家都有这种经验,当你坐在公共汽车上,车子突然刹车时,你的身体便会往前倾,这就是惯性定律的作用。

第二定律是说当物体受到外来力量的作用时,它运动量的变化和物体的质量没有关系,而是和外来力量的大小成正比,它变化的方向则和外力的方向相同。例如打棒球的时候,用的力量越大打得越远,同时球的方向也会和挥棒的方向相同。

第三定律是反作用力定律,也是最著名的一条:相互作用的两个物体之间的作用力和反作用力总是大小相等,方向相反。比如你用手打了别人一下,这时候你的手也等于被他打了一下。

第一册和第二册是讨论各种力和运动的。第一册的主要部分是以《绕转物体的研究》为基础,说明了向心力、机械阻力等概念,第三册则对第一册和第二册中所列举的许多理论观念应该如何应用进行了阐释,这其中包括牛顿的重力理论。

牛顿的《自然哲学的数学原理》整合了伽利略和开普勒的理论,是第一次科学革命的集大成之作,包括物理学、数学、天文学和哲学等,更为重要的是,它对这些领域都产生了深远的影响。直到今天,研究物理学、天文学等方面的人员,也都必须把《自然哲学的数学原理》里所阐述的原理钻研透彻,才能使自己的研究工作向前推进。

《自然哲学的数学原理》出版后,很快就销售一空,很多人要求再版。18世纪初,牛顿决定重新出版这部著作。这时他已经70多岁了,为了减轻他的工作负担,朋友们推荐科茨给他当助手。

科茨很年轻,也曾经是剑桥大学的学生,毕业后留校担任数学和物理学教授。他在整理《自然哲学的数学原理》时,发现了一些错误和问题。牛顿非常感谢科茨,对他指出的地方都一一做了纠正。

1713年,《自然哲学的数学原理》第二版出版,比起第一版来,改动较大,水平有了很大提高。

但牛顿依然没有停止研究的脚步,80岁高龄时,在彭明顿的帮助下,他再次对《自然哲学的数学原理》进行了校正。

彭明顿是一位年轻的外科医生,一次偶然的机会,他阅读了牛顿的这本巨著,深感敬佩,就写了一篇有关莱布尼茨的"落体力学说"的论文,牛顿看了颇为赏识,特地跑到彭明顿的住处,拜访了这位好学的青年。

从此,两个人成了忘年交,经常见面,彭明顿还成了牛顿的得力助手。

在彭明顿的帮助下,《自然哲学的数学原理》于1726年第三次印刷,这一版内容更加丰富了。

为学术自由而战

牛顿完成《自然哲学的数学原理》之后,还继续留在剑桥大学三一学院,直到 1696 年才离开。

此前的五十多年间,牛顿只在两个地方生活过:格兰瑟姆镇和三一学院。牛顿一心扑在研究工作上,不爱交朋友,更对学校中的行政工作毫无兴趣,不愿意担任任何职务。

1685 年 2 月,当牛顿正忙于写作《自然哲学的数学原理》一书时,当时的国王查理二世突然因脑出血而逝世。

查理二世是一位开明有为的国王。他在位的时候,英国的民主政治才逐渐发达,科学水平也突飞猛进,皇家学会和格林尼治天文台就是他在位期间创建的。

查理二世去世后,便由他的弟弟詹姆斯二世继位。新国王个性鲁莽、顽固,很不得民心。

詹姆斯二世继任王位后,立刻实施高压专制政治。人民在他暴戾的统治下纷纷起来反抗，于是他采取强硬的措施，以强大的武力来镇压暴乱，下令凡是领导暴乱的人一律处死，甚至同情暴乱的人，也会遭到相同的处罚。

詹姆斯二世是一个狂热的天主教徒，他希望政府的文武官员全部由天主教徒充任。为了实现这个计划，他竟然不顾法律的尊严，按照自己的喜好派任官员。詹姆斯二世的举动引起了国会乃至英国贵族的不满，反对的声音越来越多。

詹姆斯二世不仅干涉国会，甚至想把他的势力延伸到校园中。他将第一个目标对准了牛津大学。他首先派了一个叫马塞的天主教徒出任牛津大学莫特林学院的院长，此事遭到了研究员们的激烈抗议，但是国王固执己见，将反对这件事的25个研究员全部免职。

随后，詹姆斯二世又将矛头指向剑桥大学，命令剑桥大学准许一个天主教教士弗朗西斯进入玛格达琳学院进修文学硕士学位。

剑桥大学评议会为了维护大学的神圣性，断然拒绝国王的要求，教廷高等法院因此传讯副校长皮契尔。剑桥大学评议会立刻推举了几个代表陪同皮契尔应讯，牛顿也被推选为代表之一。

法庭开审时，皮契尔非常紧张，他在申述大学的立场时，身体不住地发抖，审判长因此气焰更加高涨。当评议员代表准备发表意见时，审判长大声喝止他们，然后当众宣布免去皮契尔副校长的职务。

牛顿听了义愤填膺，便挺身而出，说道："剑桥大学是享有世界声誉的大学，它的宪章是皇家特别批准的。按照大学的宪章，授予文学硕士学位的人，必须是曾经就读于剑桥大学，且有很高学术造诣和突出贡献的人。其他任何人士，无论他有什么特殊影响，对剑桥大学有什么特别贡献，剑桥大学也只能授予他荣誉文学学士或硕士的学位。对弗朗西斯神父，学校只能按照宪章办事，否则便违反了皇家特准的剑桥大学宪章，便会动摇剑桥大学几百年的根基。皮契尔校长忠实地维护了皇家宪章，凭什么要免去他的职务！"

牛顿义正词严，驳得审判长哑口无言，只好说："算了，算了，你们统统都给我回去！"

就这样，牛顿和其他代表们顺利地回到了剑桥大学。

但皮契尔被免职已成定局，于是，剑桥大学又选出波特斯顿继任副校长。波特斯顿是一个性情耿直的人，在学术界威望很高。剑桥大学在新任副校长的领导下，始终维护大学的自由与学术尊严。

1688年，詹姆斯二世被他的女儿玛丽和女婿威廉率领军队推翻，他的残暴统治终于结束了。

新王威廉即位后，于1689年1月成立新的国会。牛顿因为在捍卫剑桥大学学术自由中的出色表现，而被推荐为国会议员。

但是，牛顿对政治没有丝毫的兴趣，所以在担任议员的一年中几乎不曾在议会中发表任何演说,他仅仅说过一句话:"守卫长,风太大了,麻烦您将窗户关起来。"

牛顿在当了国会议员后,生活还是非常穷困,朋友们都为他担心。米林顿在写给佩皮斯的信中说:"连牛顿先生这样杰出的学者都被权贵们忽略,可见读书人是如何被对待的。"

从1690年牛顿离开伦敦回到剑桥,至1693年的"黑暗岁月",牛顿的朋友几度为他寻找合适的工作。但经过种种努力,仍无法替牛顿找到好的职位。

第十章

晚年岁月

黑暗岁月

造币局局长

皇家学会会长

巨星陨落

黑暗岁月

就在牛顿最窘迫的日子里，他又得悉母亲患了重病。牛顿最小的弟弟本杰明得了一种热病，牛顿的母亲为了照顾他，自己不幸被传染。本杰明恢复了健康，母亲却一病不起。

从小就失去父亲的牛顿，自从离开母亲到剑桥后，虽专心于科学研究，却仍时时刻刻挂念母亲，时常抽空回乌尔索普村探望。现在，他一接到母亲病重的消息，连向大学请假的手续都没来得及办，就立即动身赶回乌尔索普村。

牛顿以自己多年对医药的研究和经验亲自为母亲诊治，他整晚坐在母亲的床边，亲自喂她吃药，并为她剥落身上的胞疮。

但是母亲已经81岁了，长期的生活重压已经让她的身体透支，这一次她没有挺过去。

参加完母亲的葬礼，安顿好弟弟妹妹的生活，牛顿回到了伦敦。由于沉浸在丧母的悲伤中，牛顿终日精神恍惚。

黑暗岁月

一天早晨，他到剑桥大学礼拜堂去做礼拜时，忘了熄灭蜡烛，结果，蜡烛被风吹倒，把摆在桌子上的关于光学和化学的论文全烧掉了。

等他回到房间时，满屋翻飞的都是灰烬，一些没有被烧完的稿纸在微风的吹拂下，有气无力地漂浮着，好像还没有从噩梦中醒来，正做着最后的努力和挣扎。

牛顿看着眼前的一切，呆愣在那里，很久很久。《光学》是牛顿一生中仅次于《自然哲学的数学原理》的一部重要著作，从1672年开始写起，一直写到现在。由于种种原因，牛顿没有把它出版，如今一场大火使其化为乌有。

本来母亲去世已经让牛顿伤心欲绝，现在《光学》手稿又遭到焚毁，这对牛顿的打击是毁灭性的，终于，牛顿的精神崩溃了。他吃不好，睡不着，整天处于折磨之中。

从1692年9月中旬开始，牛顿因为神经错乱开始失眠。长期失眠又导致思想混乱，他开始经常给朋友们写一些莫名其妙的信，说一些奇奇怪怪的话，朋友们接到信后，简直无法相信这是牛顿写来的。

1693年9月13日，牛顿给朋友佩皮斯写了一封信，信中这么写道：

一天，米林顿拿你的信来，要我下次到伦敦时，一定要去看看你。虽然我告诉他目前还没有办法去看你，但他不管我怎么说，还是一定要我去，逼不得已，我只好答应了他。现在，我想向你坦白，最近一年来，我因为被一些不相干的事情所困扰，吃不好也睡不好，精神也变得很不好，无法专心工作。因此，我不想去看你，也不会去看其他任何朋友，只想一个人安静地生活，希望你能体谅我，好吗？

佩皮斯收到这封信后吓了一跳，因为他已经很久没有和牛顿联系了。他又仔细地读了一遍信之后，感觉情况不妙，一边立即与自己当时在剑桥大学读书的外甥杰克逊联系，请他去看望一下牛顿，一边写信向米林顿求证。

米林顿收到信后一头雾水，因为他最近根本没去找过牛顿，更没有拿信给他看。米林顿不由得担忧起来，他立刻赶往剑桥去探望牛顿。

当米林顿赶到剑桥，却发现牛顿头脑非常清晰，还主动谈起寄给佩皮斯的那封信，并且说他前些日子精神有些失常，自己也不知道做了些什么，请米林顿代他向佩皮斯转达诚挚的歉意。

然而，不久，牛顿又给哲学家洛克写了一封奇怪的信，信上的笔迹十分潦草，语气尖酸刻薄，完全不像他平日的风格。

洛克心想，牛顿一定是发生什么事情了，于是写了一封充满关怀的信给他，牛顿收到信后，立刻回信说：

去年冬天，我经常靠在火炉边打盹，不知道什么时候就睡着了，这种坏习惯让我今年夏天的生活习惯更加紊乱，身体也越来越差。当我写那一封信给你的时候，已经连续两个星期每天晚上都睡不足一个小时，并且有五个晚上没有合过眼。所以如果我写了什么不该说的话，请你一定包涵。

尽管佩皮斯和洛克两人都十分谨慎，牛顿精神失常的消息还是不胫而走，并被夸大其词，甚至还有人谣传牛顿已经去世。

当这个消息传回英国时，皇家学会还特地澄清了这件事。事实上，牛顿这时也已经完全康复了。

造币局局长

1696年3月,牛顿收到了大学时代的好朋友、现任财政大臣蒙德克的一封信,信中写道:

> 造币局监督奥弗顿先生已经被任命为海关的关务司,原来的职位就空了出来。国王前一段时间向我表示,想请你出任新的造币局监督。我认为这个职位很适合你,年薪为五六百英镑,这里的工作不会太繁忙,所以不会占用你多少时间。请尽快来伦敦,一切手续我会替你办妥。

收到这封信的第四天,牛顿就到达伦敦接受新的职务。

当时,重铸新币已经迫在眉睫。在市面上流通的金银硬币很多还是伊丽莎白女王时代(1538—1603)铸造的,甚至连爱德华六世时代（1537—1553）的钱币也不罕见。磨损的旧钱币还不是问题的关键，最严重的威胁来自非法的剪钱和伪币。

英国铸造硬币的技术自中世纪以来就几乎没有什么改进，造币厂在制币过程中根本没有任何形式的品质管理，钱币的重量会有相当大的差异，压印在币面上的图像大多是既粗糙又易于模仿的。

这就导致使用廉价的金属或者拼凑的方法制造伪币这一行为的产生。剪钱是将硬币从边缘剪开，把中心部分拿掉之后，将其改造成廉价的伪币。

币制的信用已被完全破坏，市场崩溃，商店无法信赖顾客提供的现金，又要补偿收到伪币的损失，这一切都使得物价飞涨。工人每个星期拿到的工资尽是些假的锡币和被剪得难以辨认的先令，暴乱几乎每天都在发生。

在这种情形下，国会通过了铸造新银币来代替旧银币的提案。于是，货币改造问题成为英国的重大问题之一。如果这一次失败了，就会使英国的经济崩溃，所引起的社会动荡绝不亚于一场内战。

蒙德克之所以选择牛顿担负这一重任，是因为他见识过牛顿在科学研究方面的才能，他相信这样一位对工作精益求精的人，肯定能助自己一臂之力。

牛顿在了解铸造银币的过程后，便开始研究新的铸造方法。在最初的几个星期里，牛顿每天凌晨4点就出现在厂房里，夜班开工前他又赶回来监督生产。有一段时间,他甚至住在工厂旁边为他准备的宿舍里,以便随时应对发生的问题。

不久,牛顿想出了一个新的铸造方法。他把旧币放进炉中熔化后,再以预先铸好的银币模子铸造钱币。这样一来,银币的形状、大小、重量就统一了。

有了这种铸造方法,银币不容易再被伪造,英国的经济因此逐渐地好转。但是生产新币的速度还是太慢了,完全无法满足老百姓的需求。牛顿用科学家的头脑解决了这个问题,大大提高了生产效率。而且他还在英国的不同地区分别设了5家规模较小的分厂,在某种程度上减轻了造币局的工作量。

货币改铸工作在牛顿日夜不懈的努力下,终于在1699年顺利完成,牛顿也因功绩显著,由监督升为造币局局长。

1701年11月,牛顿又一次代表剑桥大学成功竞选国会议员。

升任局长之后,牛顿免不了会有一些应酬,但他生性不喜欢喧闹的场合,正好他的外甥女凯瑟琳的父亲刚刚去世,于是,牛顿便将她接到伦敦来和自己同住。

凯瑟琳是牛顿妹妹安娜的女儿,牛顿一直都很疼爱她。凯瑟琳这时才17岁,已经出落得亭亭玉立,是一个聪明且热情开朗的少女,非常善于交际应酬。凯瑟琳的到来,给牛顿的日常生活帮了不少忙,扮演了管家的角色,这样牛顿就可以放心大胆做他想做的事情了。

凯瑟琳是一个能干的女孩,她除了帮助牛顿处理家事,牛顿的朋友也大都由她来招待。她的风趣、幽默,使得在场的宾客都能感受到愉快的气氛,因此赢得了大家的称赞。

虽然凯瑟琳常在牛顿家招待客人,但这些对牛顿没有丝毫的影响。当凯瑟琳与宾客们聊天时,牛顿总是独自躲在书房里埋头做研究工作。

这个时候,牛顿在伦敦的工作非常忙,他已经没有办法好好在学校里教书了,1701年12月,他只好辞去"卢卡斯讲座"教授的职务,退出了三一学院。表面上牛顿虽然离开了科学研究的一线,但他卓越的才能仍难以掩盖。

1696年6月,著名的数学家本里在报上刊登出两个问题,公开向全世界的数学家挑战,限定在6个月内答复。

莱布尼茨在限期内首先正确地解答了第一个问题,对于第二个问题,他要求延长一年再作答复,本里同意之后,仍然继续在报上刊登那两个问题。

有一天下午四点多,牛顿刚刚从造币厂回来,精疲力竭。他坐在桌子旁边喝咖啡,随手拿起报纸翻看,这两个已经登载了半年的问题此时终于被牛顿看到了。看完这则消息之后,牛顿便拿着报纸走进书房里一直没有出来,直到凌晨四点,他解决了这两个问题。

1700年,牛顿又提出了六分仪的原理。六分仪是航海与测量上不可缺少的工具,但没有人能了解它的价值,因此在当时并不受重视。直到 1730 年牛顿死后，才由约翰·哈特勒重新发明。

1701 年，牛顿通过实验证明，发表了一篇有关温度的论文，即所谓的"牛顿冷却定律"，这个法则不但在物理学上的贡献很大，对冶金学也非常重要。

皇家学会会长

1703年3月3日,牛顿的宿敌胡克去世了。他担任皇家学会会长期间,皇家学会的状况令人担忧。学会成员从17世纪70年代平均200位减少到只剩下一半,经营不善导致学会濒临破产的边缘。更不可思议的是,院士们就要失去聚会的地方了。

早在剑桥时期,牛顿就向皇家学会提出了不少建议,为科学事业的发展做出了贡献。1703年11月30日,牛顿当选为皇家学会的会长,从此一直连选连任,直到他离开人间,长达25年之久,是英国皇家学会史上任期最长的会长。

当时,格雷沙姆学院由于驻扎军队而遭到破坏。牛顿当上皇家学会会长不久,就积极努力要为学会建立一个新的基地,于是他向女王安娜提出建院的请求。但由于西班牙王位战争,英国国库已消耗殆尽,这个请求直到1710年才获得批准。

牛顿在任期间表现出了杰出的管理能力,使得皇家学会走上了正轨。同时，因为牛顿在科学界的影响力和造诣，他上任之时就为学会定下了此后的走向。

当时，在英国的政治斗争中，保守党致力于恢复绝对的君主制和上层贵族的统治，辉格党却支持君主立宪制。因为皇家学会会员分属不同的政治派别，所以在这种错综复杂的政治气氛中，要想做好皇家学会的会长，并不是一件简单的事情。

但是，牛顿具有把不同意见的人为了科学的利益而团结在一起的能力。皇家学会的任何一次会议，牛顿都要亲自参加，并参与具体学术问题的讨论。在会长牛顿和秘书汉斯·斯隆的领导下，整个学会的科学活动繁荣兴旺，牛顿也因此赢得了会员们的信任。

牛顿主持皇家学会的历次会议，都和他的研究工作一样毫不马虎，对每一件事都以极为认真、严肃、庄重的态度做出处理。曾经有人说："他的出席，在会议上创造了一种自然的、令人敬畏的气氛，从来没有轻浮和失礼的迹象。"

过去，皇家学会常因经费紧张而陷入困境，甚至濒于破产。牛顿任会长时，努力争取社会各方面的赞助和捐款，使学会获得了必要的经费，呈现出勃勃生机。

当时的英国皇家学会是欧洲主要的科学机构之一，牛顿以其非凡的能力和才华，使皇家学会成为最重要的近代自然科学的发源地。

1702年，威廉国王逝世后，便由詹姆斯二世的次女安妮继任王位。安妮女王的丈夫乔治公爵对科学相当有兴趣,所以在牛顿担任皇家学会会长的第二个年头,乔治公爵便加入该会。

由于安妮女王非常钦佩牛顿在科学研究上的伟大贡献,于是在1705年4月16日,授予牛顿爵士爵位。牛顿成为英国历史上第一位被封为爵士的科学家。

这位身兼二职的科学家在忙碌的公务生涯中,仍然对科学的研究工作抱着满腔热情。在这期间,他致力于科学的研究,并出版了第二本巨著《光学》,终于将沉寂了30年的理论公布于世。

巨星陨落

牛顿70多岁时，身体仍然十分健康。直到1722年，当他80多岁时，健康状况渐渐开始恶化，患上了大小便失禁和肾结石。他不怎么吃肉，主要是喝肉汤，另外吃一点青菜和水果。1724年8月，他排出了两颗豌豆大小的结石。年底他开始咳嗽，最后患上了肺炎。

医生建议牛顿到乡村去，因为那里有新鲜的空气和安静的环境。遵从医生的意见，牛顿于1725年搬到肯辛顿。静养一段时间之后，病情有所好转。但这一年的2月，他又患上了痛风，后来痊愈。

1727年2月28日，牛顿觉得身体恢复得不错，便不听从医生劝告，执意前往伦敦主持皇家学会会议。可是，谁也没有想到，这次大会竟然成了牛顿和皇家学会会员的告别仪式。

回到肯辛顿，牛顿又病倒了。尽管他的病痛越来越厉害，但是依然抱着继续做科学研究的念头。有一次，他向哈雷提起自己还想再碰一次月球。还有一次，他对自己的侄子本杰明·史密斯说，很想去摸摸各种金属。

1727年3月15日，牛顿感觉好多了，病情也似乎有了起色。18日清晨，牛顿已经能坐在床上阅读报纸，还和医生愉快地说了许多话，精神显得很好，大家都觉得，牛顿的病就要好了。可到了傍晚6点多时，牛顿突然失去知觉，陷入了昏迷状态。

1727年3月20日凌晨1点多钟，牛顿的心脏永远停止了跳动。

1727年4月4日，英国为牛顿举行了国葬，葬礼在著名的威斯敏斯特教堂举行。葬礼当天，全英国的名流以给他扶柩为荣，全欧洲的名流蜂拥而至。这是人类历史上第一次为自然科学家举行国葬，而且还是在威斯敏斯特大教堂。

威斯敏斯特教堂在英国享有至高无上的地位，它是英国王室的专属礼拜堂，1066年以来几乎所有英国国王的加冕典礼、王室婚礼等一切重大仪式都在这里举行。16—18世纪，威斯敏斯特是与牛津、剑桥齐名的学术中心，英文版的《圣经》就是在这里翻译完成的。教堂墓地中埋葬着英国历代国王和历史上各个领域中最杰出的伟人，因此威斯敏斯特教堂也被称为"荣誉的塔尖"。1987年，威斯敏斯特教堂被列入世界文化遗产。

在威斯敏斯特教堂的一侧，牛顿的后人为他建立了一座巴洛克式的纪念碑。纪念碑是由英国著名建筑师肯特设计的，呈现了牛顿一生多方面的成就。牛顿的浮雕是整个纪念碑的主题，他被一群小天使围绕着，其中一个拿着棱镜、一个拿着望远镜，还有一个拿着一枚新铸的金币。牛顿的右手肘下面垫着四本书，分别是《神学》《光学》《年代学》《自然哲学的数学原理》。墓志铭是这样写的：

这儿安睡着艾萨克·牛顿爵士，他以超乎常人的智力，用他所发明的方法，第一个证明了行星的运动与形状，彗星轨道与海洋的潮汐；他孜孜不倦地研究光线的各种不同的折射角，颜色所产生的种种性质；对于自然、历史和《圣经》，他是一个勤奋、敏锐而忠实的诠释者。他用自己的哲学证明了上帝的庄严，他度过的是新教徒式的简朴的一生。所有活着的人都为有他这样一位伟人而感到幸福。

艾萨克爵士生于1642年12月25日，死于1727年3月20日。

纪念碑所在的墓地从此成为著名科学家的最后安息之地，除了牛顿，还有达尔文、麦克斯韦、法拉第等杰出的科学家。

1775年，在剑桥大学的教堂前面，树立起一座白色大理石的牛顿雕像。雕像中的牛顿身穿宽松的大学校服，手持三棱镜，注视着远方。

当年那个爱做手工爱钻研、被人叫作"呆子"的小男孩,已经成为人人崇拜的科学巨人,但他从未因此自满或骄傲。他曾谦卑地说:"我不知道世人用什么眼光看我,我只觉得自己像个在海滩上戏水的孩子,偶尔捡到一颗比较光滑美丽的贝壳,就会高兴得大喊大叫。我不知道的真理,就像那浩瀚的大海一般……"